JN104941

言葉以前の哲学

戸井田道三論

今福龍太

新泉社

目次

デザイン——三木俊一（文京図案室）

本文中に引用した戸井田道三のテクストは、特別な記載がない限り、『戸井田道三の本』全四巻（筑摩書房、一九九三年、本文中では『本1〜4』と表記）に拠った。ただし、『生きることに○×はない』のみ新泉社版（二〇二二年（初版一九七八年））を用いた。

なお、本文中で戸井田の著作に言及する場合には、タイトルの初出時に（　）内に初版刊行年を入れた。

1 非土着のネイティヴ

――土地に住むこと

一人の人間の生の軌跡を、過不足なくくっきりと豊かに描き出すためのことばとは、どのようなものでありうるだろうか？

戸井田道三の死後九年ほどが経ち、私は依頼された『民間学事典　人名編』（鹿野正直・鶴見俊輔・中山茂編、三省堂、一九九七年）の一項目を執筆する際に与えられた八百字ほどの文章をこうはじめている。

といだ　みちぞう◉戸井田道三　一九〇九（明治四二）～一九八八（昭和六

三）　能狂言の研究家・批評家。

　東京・日本橋東仲通りの呉服屋「一本杉」に生まれる。幼少より病弱で入院・転校・転居をくりかえす。早稲田大学文学部国文科在学中、会津八一、窪田空穂らの精神的薫陶をうけ、思想的には左翼運動に傾斜。一九三三年（昭和八）、大学卒業後中央公論社に入社し、結核で翌年退社するまで『婦人公論』の編集にたずさわる。三四年より病気療養のため湘南海岸の辻堂に転居し、以後死までの五三年間をこの松林と砂丘の地ですごした。半農半漁の自律的小村が首都圏近郊の一大住宅地となってゆく過程を、非土着的でありながら本質的な居住者として深く体験・観察し、地域の生活協同組合運動や自主的な市民講座にも生涯尽力した。

……

　このあと主要著作の紹介や、それらに込められた思想の特質についての記述がつづく。必要不可欠な事実に言及しつつ、「事典」の小さな一項目の範囲に収めねばならない文章の書き出しとしては、これが限界というべきだろうか。

　だが、こうした客観的な事典項目から、そこに描かれている一人の人物が「生きている」固有の人格と佇まいを持った、生活者としての一存在である、という印象はほとんど消えてしまうことは否定できない。事典的な記述とはその意味で、ある事実の集積を客観的な「歴史」として伝えてはいるとしても、ひとりひとりの人間が生活する日々の意識と感興の蓄積としての世相を映しだす、生きられた「歴史」の姿についてはなにひとつ描き出してはいないというべきであろう。わずかにこの引用部分の後半に、私は、戸井田の独創的な思想をかたちづくることになる経験的な生において、彼が死ぬまでの半世紀を過ごした湘南辻堂という風土が大きな意味を持っていること、そしてその場所で非土着民でありつつ「本質的な居住者」として生きることがもたらした日常的発見の重要性を、やや主観的な視点から仄めかしてみることができただけである。そのような記述を入れたのは、辻堂という場所がまた私自身が幼少から成人になるまでを過ごした土地であり、そのことが私と戸井田がめぐりあう地縁となったことへの私的な追想もまぎれこんでいたからであった。

だが、たとえば戸井田によるつぎのような回想の文章が読み手にもたらす特別の感興は、人が「生きる」ということの内実がどれほどの感覚的・情緒的な陰翳を持ち、人がそれによって「考え」もしているという事実を鮮烈に伝えてはこないだろうか。彼の幼少期における「かあごめ、かごめ」の歌にまつわる古い記憶を描いた自伝の一節であり、のちに中学一年の国語教科書にも掲載された文章の断片である。

わたしは、日本橋の生まれ、大正四年小学校へはいった。その前後の一学期をそこで過ごした。道路はもちろん舗装がしてなかったから、雨が降れば、大八車や馬力が耕して、たんぼのような状態になった。しかし、それだから、つばめも巣を作るどろやえさに事欠かなかったのである。街燈もショーウインドーもなく、町が暗くなるのが早かった。夕方になると、どこから飛んで来るのか、こうもりが飛び違った。「かあごめ、かごめ」の歌を聞くと、こうもりが連想されるというのは、たぶん、夕やみの迫ってくるころ、特にその遊戯が興奮を誘ったからではないかと思う。わたしは、病身で、乱暴な遊戯はできなかった。耳底に残る「かあごめ、かごめ」の歌声にも、特に女の子のやさしい声音が多くまじっている。……

太陽がかわら屋根の向こうに沈んで、たすきがけの小僧さんが店のかまちをぞうきんがけするころになると、どこからともなく夕餉のにおいがしてくる。子どもたちは遊びに夢中になっているようにみえるが、実は、いつうちへ呼ばれるか、そのことが気になっていたのであろう。それを自分で打ち消すために声を高くし、高くするからまた興奮しているのでもあった。

店の奥では、帳場格子の中で、大福帳にきょうの売り掛けを記入しながら、年をとった番頭さんが、子どもたちの声が高いからあすは雨かしら、などと耳を傾けていたのである。……「かあごめ、かごめ」と歌う魅力の中には、おとなが耳を傾けているにちがいない、という心持ちと、それにこたえているのだという一種の快感も含まれていたようである。

（『生きることに○×はない』七一〜七三頁。ルビ省略）

なによりもまず、小さな子供とはいえ時代の生活と風俗のなかに立派に場所を得て生きていた者の、その生活感覚の細部の鮮烈な描写に驚かされる。いうまでもなく、それらの記憶はことごとく五感で受けとめられた身体的な記憶である。とくにこの一節は、下町の夕暮れどきに響き、漂っていたさまざまな「音」や「におい」の記憶を繊細に再現していてすばらしい。道三少年の生きていたリアリティなるものが、身体感覚を透過した経験として、どのような客観的記述よりも鮮やかにここに描かれている。

とりわけ、目が受けとめる視覚的・表面的な出来事以上に、耳や鼻をつうじて感受されるものは「歴史」の編み目からこぼれやすい。それらは「些事」としてうち捨てられ、大きな出来事によって語られる「歴史」記述にはほとんど表面化してこないのである。だが戸井田は、些事が忘れられていることによって成立するのが「歴史」と呼ばれるものであり、だからこそ、正史として認知・登録されていく「歴史」には多くの欠落と忘却があるという独創的な考えを持っていた。これこそ、制度的な「歴史」学が対象としてきたものの本質的な限界であり、そのような「歴史」の表層を超えたところにある、「歴史」の深層につつましく流れる風俗や世相の移り行きこそを、戸井田は独特の感覚によって捉えようとしたのである。

二十世紀は、時がそれまでの世紀とは大きくちがった速度で一気に流れる激しい変化の時代だった。世相は移り行き、戸井田もまたその推移のなかで複雑で繊細な幼少期を送った。彼は伯母の嫁ぎ先、その夫の死後父が経営を任されていた、能装束なども扱う日本橋の伝統ある呉服屋「一本杉」の二階で、一九〇九（明治四十二）年に生まれている。この、近代化の渦中にある明治末期の都会に生を受けた者の体験する幼少期の記憶とは、まわりの事物や環境が急激に変化してゆく世相の激烈な動きそのものの微細なアーカイヴでもあった。のちに彼は「東京の変わりかたが早すぎるので、昔の百年がいまの四、五年に相当するからであろう。今のうちに、どんどん思い出を記録しておかないと全部忘却のかなたに沈んでしまいそうなあやうさがあるのだ」(「きものの思想」『本2 かたち』六頁)とも書いている。衣食住をめぐるもっとも日常的で些細で、卑近とさえいえる事柄を、戸井田があるときから自分自身の身体感覚の記憶として意識的に書き残そうとしたのは、まさにこの「あやうさ」への懸念からである。あまりにも些細な日常茶飯事として閑却され、「歴史」の編み目からこぼれ落ちて忘れられていくもののなかにこそ、ほんとうの「われわれの歴史」の姿、すなわち生活者の実感が記憶として継承されてゆくときの「長い波長の変化」があるはずだった。

呉服屋だった店兼住居の二階で針仕事をする母親の傍らに座り、黒ずんだ壁やけんどんの戸がつくる薄暗い部屋のなか、格子窓から差し込む西陽がつくる畳の上の縞模様をじっと見ていた幼少時のもっとも古い記憶。一緒に遊んだ女の子たちが皆、紫色の矢絣の銘仙を着ていて、その矢羽根の独特の模様がなぜか目に焼きついていること。皆がきものを着ていた当時、当然その足もとには下駄が履かれ、東京駅の構内へ入ると駒下駄のカタカタ音と日和下駄のキュウというきしみ音が響きわたっていたこと……。こうしたものはそれから数十年のあいだに、ことごとく消え去った日常の点景である。しかしまさにその変容のなかに、感覚の記憶と残存を横切って、民衆の「歴史」は一筋の糸となって長い波長の揺らぎをきざんでいるのである。その微細な糸の消息を、戸井田は無意識のうちに、生活者としての日常的な感覚において実感するという日々を、幼少時から送ることになったのである。

＊
＊＊

戸井田道三の前半生（二十五歳まで）は、六歳での母の死、一家の生存のために兄弟姉妹が別れ別れになっての幼少時代、そしてなにより肺を病む自らのたび重なる転地療養のため、ひとところに定住するという生活からはほど遠い、転居に次ぐ転居を余儀なくされた生活だった。地名だけ数え上げても、日本橋から大森、渋谷、小学校一年から二年間親戚に預けられた埼玉県大針の田舎、帰京して本郷動坂、巣鴨、十四歳でいったん父が買った辻堂の家へ転地療養、その年の関東大震災で家が倒壊しふたたび東京の親戚宅に身を寄せ、辻堂の倒壊した家の木材を運んで建てた下落合の家に十五歳で落ち着いてようやくしばしの平穏を得る。しかし世の中は経済恐慌による不況で「一本杉」は倒産。父が京橋に古代裂（こだいぎれ）や能装束の専門店を出し、道三はその店舗の二階で暮らしたこともあったようだ。

大学を出て就職した中央公論社を肺病のため一年ほどで辞め、戸井田は一九三四(昭和九)年、二十五歳で療養のため湘南辻堂に転居する。以後、戦争をはさんで一九八八年に七十八歳で亡くなるまで、戸井田は約五十三年間を辻堂の地で暮らすことになる。成人してからは、とりわけ肺結核がたびたび再発し、旅はおろか日々の移動も適わずに、ほとんどひとところに住みつづける生活を余儀なくされた。自らのささやかな家とそのごく周辺だけを生のテリトリーとして引き受けざるを得なかった彼は、自分自身を辻堂という町の「外来居住者」の一人である、と規定しながらこう書いている。

わたしの住んでいる辻堂は、東・西・南・北の四つのムラに分かれています。外来居住者であるわれわれは四つを合わせてホンムラと総称していますが、昔は四つがそれぞれ本村内部で半独立のムラだったのです。今でも古い居住形態を残しています。この四つのムラの中心に辻(十字路)があって、その近くに諏訪神社があります。今は辻堂ホンムラの人たち全部がこの諏訪神社を氏神といっております。……しかし、村の旧事を知っている人にたずねますと、昔は東・西・南・北の各ムラに別々の氏神があったといいます。その痕跡も残っています。

（「日本人の神さま」『本1　こころ』四八八〜四八九頁）

ここでの「外来居住者」という呼びかたには注意が必要だろう。それは、土着民が暮らしていた土地に、あらたに地縁のない者が移ってきて居住をはじめ、土地の伝承やしきたりとは無縁なところで生活を営み、そうした外来の人々によるコミュニティがあらたに形成された、という一般的な理解とは少し異なった内実を持っているように思われるからである。土着の村が何らかの理由によって開け、外からの移住者を引き受けて人口を増やしてゆく現象は、この時期、辻堂に限らず大都市郊外にはどこにでも見られたことであろう。だが、そうした外面的な「発展」の姿とは別に、土着民と外来者とのあいだの断絶や差異を生活のなかで微細に測りながら相互理解に努め、共同体の変容を大きく包み込むような意識を持って生きた外来者がそこにいたことも、忘れられるべきではない。農山漁村のような土着の自立した村が多機能空間としての町へと変貌するとき、かならずそこには両者を生活空間として橋渡ししてゆくような媒介作用が不可欠となる。それは、共同体の外縁部を拡張してゆこうとするその土地固有の複雑な社会経済メカニズムの作用であるともいえるが、同時に、その共同体の過去と未来とを鋭敏な知覚によって見定めることのできる媒介的居住者の存在によって支えられる場合もあった。

戸井田はまさにそのような媒介者であり、一つの土地にたいする深い居住意識を持った外来者であった。彼は土着の民の生活に深く入り込み、その日常の細部と、彼らの背後にある集団の来し方とを深く知ろうとし、その上に立って思索し、執筆し、地域住民のためのさまざまな社会・文化活動に尽力したからである。戸井田が辻堂で長く続けた「古事記を読む」「万葉集を読む」といった自発的な座学講座もまた、専門家による市民向けの学習機会の提供といった目的のものではなく、むしろ変貌する共同体の過去と現在をつなぐための生活の哲学を、古い住民と新しい住民を結びながら人々とともに考え、提案し、共有したいという、戸井田の内発的な動機づけにおいて行われたと考えるべきだろう。

そこで生まれ育った土着民でないにもかかわらず、だれよりも、そうした土地の生活者の日常意識と変化への思いを、共感と共苦とともに彼らの傍らで生きようとした人。こうした稀有な存在を、私はあえて、表面的な語義矛盾を承知のうえで「非土着のネイティヴ」と呼んでみたく思う。「ネイティヴ」とはたしかに「その土地に生まれ育った生粋の」という意味では「土着の」という意味と相互に置換可能な関係にある。しかし、たとえば英語で"go native"といえば、それは「外来者であるにもかかわらずその土地の人々とおなじ意識を持って、おなじ振るまいをしようと欲すること」を意味する。しばしば、部外者による無理のある土着民化への衝動を揶揄する表現として使われるこの表現を、しかし私はここで肯定的に、また創造的な意味において援用してみたいと感じている。戸井田はたしかに、「深い居住」の作法を通じて「非土着のネイティヴ」へと転生しようとしていたように私には思えるからである。

「戸井田の思索の軌跡をたどってゆくと、「ネイティヴ」による固有の視点、「ネイティヴ」であることに発する固有の思いが、けっしてその土地で生まれた土着民によるものだけにかぎられないことを発見する。しかも戸井田は、従来の土着民がまさに土着のしきたりと感情の内部、すなわち集団的規制のなかで自らを相対化することができなかったのにたいし、そうした見えざる規制を対象化し、集団性からの超克を日々の生活意識の彼方に見定めようとする特異な「住」の思想を手に入れかけていた。これこそがまさに戸井田が「非土着のネイティヴ」でありうる所以である。そこには、古い共同体意識の残存にたいして深い関心を寄せつつも、そこに縛られることのない個としての人間の可能性をとらえようとする、あらたな思想の飛躍があった。

日々の暮らし、そのなんということもない繰り返しのように見える、民衆の長い歴史のおおきな波動が、人々の感情の深層に流れている。それをふたたび浮上させつつ、それを因習のなかに埋没させることなく、思索をつうじて対象化し、人間を公的な歴史の束縛からときはなつこと。あるいは、「われわれの歴史」のなかへと導き入れること。子供の時から、戸井田が少女たちの着る紫の矢絣の柄の着物にわけもなく惹かれていたのも、たんに戸井田個人の性癖や嗜好にもとづくものではなかった。そこには歴史的な感覚の伝承があり、たまたまそれが戸井田の遊び仲間だった従姉妹たちを無意識においてとらえていたがゆえに、戸井田のなかに紫の矢絣への不思議な感覚が流れ込んだのである。このように考えたとき、生活にかかわるすべての個人的記憶と見えるものは、個人の恣意性をこえたある種の真実として、書かれた「歴史」の忘却された細部を埋めることが可能となる。そうした細部へのまなざしこそ、「非土着のネイティヴ」の存在証明であった。

ここで私は、「ネイティヴ」という概念の「土着性」に依拠した本質主義的な定義を超えて、そこで「生まれた」こと以上に、そこで「暮らした」ことをあらたな「ネイティヴ」の条件として想定してみたい。すなわちひとところに長く「住まう」ことによって、人は生活者が持ち、伝承してきた固有の生感情や美意識、日常倫理など、すなわち「住」として立ち現われる生活感覚を発見することができるのだ。そして戸井田は、そうした発見にもとづく生活意識を深く自らの内部と歴史との絡み合いのなかで重層させてゆくことによって、正統の「歴史」を超えてゆくあらたな時間の始まりを生きることになったのである。

＊＊＊

民俗学者・柳田國男は『明治大正史　世相篇』（一九三一年）の序文で、こう書いていた。

実は自分は現代生活の横断面、すなわち毎日われわれの眼前に出ては消える事実のみに拠って、立派に歴史は書けるものだと思っているのである。……生活の最も尋常平凡なものは、新たなる事実として記述せられるような機会が少なく、しかもわれわれの世相は常にこのありふれたる大道の上を推移したのであった。

（柳田國男『明治大正史　世相篇』講談社学術文庫、一九九三年、三および五〜六頁、改行省略）

ここで柳田がいう「毎日われわれの眼前に出ては消える事実」を、戸井田道三という特異なネイティヴの目を持った一人の非土着の思索者は、消失させまいと努めた。この時点で、彼の考える「歴史」とは、柳田も示唆するように、民衆がつくりだす世相の大道の方にあった。戸井田は、生地の日本橋界隈、そして後年の移住先の湘南辻堂において、世相を受けとめて生きる自らの生活者としての経験と記憶にこだわりつづけ、その柔らかく微細な感覚的記憶を語りつづけた。だが彼は同時に、能や国文学や民俗社会の研究をつうじて、たえず正統の「歴史」が構成されてゆくからくりをも批判的に問いつづけた。それはいうまでもなく、日々の些細な経験を語る彼の言説がけっして老人の懐旧話ではなく、アカデミックな学としての「歴史学」の根源的批判でもあることの証でもあった。すでに示唆したように、彼にとって「生きること」「住むこと」とは、それによって生の長い波長の変化をとらえることに等しかった。そうした行為が、目の前のことをあまりにも当たり前のこととして記録しないで成立している「歴史」なるものの「空疎さ」の穴を埋めるために、どうしても必要なのだ、と戸井田は確信していたのである。

明治八年生まれの柳田國男は、まさにそうした試みの端緒を『明治大正史　世相篇』および『故郷七十年』（一九五九年〔講談社学術文庫、二〇一六年〕）でひらいた先人であった。『故郷七十年』のなかに、柳田の生家があった兵庫県の神東郡田原村辻川（現神崎郡福崎町辻川）での些細な思い出として、こんな印象的な話がある。生家の裏の竹藪をへだてた道端に、空井戸のある薬師堂があった。このお堂の床下は、村の犬が仔を産む場所になっていた。そのころの村では犬は家で飼わず、村全体で飼っていたのである。仔が生まれたときに薬師堂に行けば、いやでも生まれたての仔犬たちの独特の匂いを嗅ぐことになった。いや、この匂いが漂ってくることによって、犬に仔ができたことを知ったのである。それ以後どこに住んでも、昔のお堂を思い出すたびに、この懐かしい匂いが漂ってくる……。本当に些細な、しかし村人と犬との共生をめぐって感覚のなかに集団的に刻まれている、嗅覚の歴史の姿である。空間をへだてて、時をへだてても、こうした感覚の歴史の波動はつねに生活者の「住」をやわらかく貫いていたのである。

戸井田が、人々の意識と社会の習いに生じる長い波長の変化を身をもって受けとめながら、「非土着のネイティィヴ」として五十三年間を暮らした頃の辻堂とは、どのような土地だったのだろうか。まず戸井田による簡潔な回想を引こう。

辻堂は、湘南電車で東京から一時間で来られる、海岸の住宅地です。朝の通勤時間には五分おきに十五輛連結の満員電車が走っていますが、わたしが引っ越して来た一九三四年（昭和九年）ころはまだ、夏場は避暑地、冬は療養地で、夏以外はごくさびしい村でした。……もちろん湘南電車ではなく、汽車でした。〝国鉄の東海道線に駅は多くあるが、駅があって小学校のないのは辻堂くらいのものだ〟と村人自身が自嘲的にいっていました。そのくらい辻堂は貧乏な半農半漁の村でした。したがって、字の読めないおばあさんが少なくありませんでした。新聞をとっている家もかぞえられるほどでした。（「日本人の神さま」『本1　こころ』四七五頁）

明治の市制町村制が布かれた一八八九（明治二十二）年、辻堂村は羽鳥、大庭（おおば）、稲荷各村と合併して「高座郡明治村」となった。その後一九〇八（明治四十一）年に、藤沢大坂村、鵠沼（くげぬま）村、明治村の三村が合併して「藤沢町」が生まれている。その時の藤沢町の合併人口は一万五〇四三人（藤沢市史編纂委員会編『藤沢市史年表』藤沢市役所、一九八一年）。そして戸井田がここで書いている東海道線の「辻堂」駅が開業したのが一九一六（大正五）年であった。辻堂は、藤沢市の近代史のなかでも、つねに西の外れに位置する周縁的な場所であったことがわかる。その後昭和期に入ると、もともと広大な砂浜が展開する辻堂海岸が明治期から日本海軍の砲術試験場かつ陸戦演習場にもなったこの地には、関東特殊製鋼や横河電機をはじめとする多くの軍需産業の工場が立地して、旧来の村の辻から鉄道駅方面に向けて幾筋かの商店街がかたちづくられていった。しかし、戸井田が言うように、この地区の最初の小学校としての「辻堂国民学校」（現在の藤沢市立辻堂小学校）が開設されたのはずっと下って戦争末期、一九四五年四月のことである。それほどに、零細農家が身を寄せあってひっそりと暮らす、人口の少ない地区だったのである。

ただし教育という点では、別の要素もあった。ちょうど辻堂村の北に隣接する羽鳥村に、旧姫路藩士の漢学者小笠原東陽が羽鳥村名主の三觜（みつはし）八郎右衛門に招かれて一八七二（明治五）年に開いた寺子屋の名門「耕餘塾（こうよじゅく）」があったからである。相州第一の高等学府として知られたこの私塾には近傍から多くの門人が集まり、そのなかには自由民権運動の指導的役割を果たした村野常右衛門らもいた。耕餘塾が相州民権家たちをあまた輩出していったことは、明治・大正期においてこの地に民衆的政治思想運動の胎動が息づいていたことを物語っている。色川大吉の『明治精神史』（一九六四年〔岩波文庫、二〇〇八年〕）は、耕餘塾や村野常右衛門について言及しつつ、この私塾の精神が儒学の変革的精神を古典にさかのぼってとらえ、それを農村の子弟にわかりやすく教えるという点においてすぐれた特徴を持っていたことを指摘している。辻堂の北に接する大庭村から耕餘塾に加わった金子角之助もまた相州民権家の一人として活躍し、一九一二（明治四十五）年には藤沢町長となって一九二八年まで四期連続して町長を務めている（戸井田が初めて辻堂に転地療養のためやってきたのは一九二二年であり、金子角之助の時代であったが、翌年の関東大震災のため、戸井田は一年も住まずに東京へと戻っている）。さらにいえば、藤沢町は一九四〇年に市へと移行したが、金子角之助の長男である金子小一郎は、一九四二年から一九四六年まで、および一九五二年から一九七二年まで、通算六期のあいだ藤沢市長を務めている。半世紀を超える戸井田の辻堂居住のかなりの部分が、相州民権家の精神的系譜を汲む人物が行政の長にいた時期と重なっていることは、興味深い偶然である。

しかし、戸井田が少なくとも著作を通じて描き、語った「辻堂」は、明治期に民衆知識人や活動家の精神をはぐくんだこの土地において政治や教養からは取り残されてきた、半農半漁の村社会に生きる「声無き」人々の日常の点景の方であった。戸井田は、戦前の寂しかった海辺の村に転居し、農業とわずかな漁業によって生計をたてていた村人の日常に触れながら、戦争をはさんでその変化をも敏感に感じつつ、そうした人々との共生の感覚をてこにして自らのあらたな「住」の思想を細々と紡ぎ、研ぎ澄ませていったように私には思われる。まさに戸井田は、自らもそこで生まれた東京という「都会」から少し離れて、その影響を受けつつ大きな変化の時を過ごした人々の内面、その「在」（在郷、いなか）の人々の生きかた、住まいかたを受けとめながら、ひっそりと生活したのである。農民や漁民、村の古老たちとの柔らかな交流を、思考するためのつつましい財産としながら。

そんな戸井田が、自らの「住」のありかたを見つめるときに、たえず参照していたにちがいない一冊の重要な著作がある。戸井田から遅れることわずかに二年、ほとんどまったく同じ時代に辻堂の隣町ともいうべき鎌倉郡村岡村（現藤沢市弥勒寺）に夫とともに移住し、周囲の農家と親しくつきあい、自らもウズラ飼育や農作業に従事しながら、「在」の人々の遠い過去から現在へと至る生活誌を丹念に聞き書きし、経験的な筆致で叙述した山川菊栄の『わが住む村』（一九四三年）がそれである。夫の社会主義者・山川均とともに、戦前・戦後期を通じて社会主義運動や女性解放運動の活動家だった山川菊栄は、柳田國男の薫陶も受けたすぐれた作家でもあったが、彼女が一九三六年に村岡村（一九四一年六月に藤沢市に編入）に移住し、土地を得てはじめた暮らしから紡ぎ出されたこの精緻な「在」のドキュメントは、戸井田にとっても大きな刺戟であっただろう。とりわけ、庶民の生活の細部にこそもっとも厳しい圧がかかる戦時体制下において、女性社会主義者の視点から農村の生活の細部に腰を低くして入り込み、自らもウズラを飼い薯をつくり農村生活者としての立場をとりながら書かれた厚みあるこの生活誌には、さまざまな細部に、大都市近郊の農村地帯に迫る社会的な矛盾や問題点を示唆する批判的な視点が込められていた。

たとえば山川菊栄は、「在」における広義の教育（教え）なるものが、社会制度としての学校ではなく、日常生活のしきたりのなかでの身体文化の伝承とでもいうべきものとしてあったことを、『わが住む村』でこう書いている。

「今の娘たちは仕合せだ。もう私たちのように字のよめない者や針のもてない者は一人もいない」

とお婆さんたちは羨（うらや）ましがります。けれどもお婆さんたちも文字こそ仕込まれなくても、一人前の百姓として必要なことだけは十分仕込まれたのでした。ちょうどすべての職業が世襲であった時代には、生活、環境、教育が一つに溶け合い、子供たちの遊びの間に、ひとりでにお家の芸の雰囲気を呼吸し、その手ほどきをされていたように、そして今でも芸道の名門といわれる家々にはそういう伝統が残っているように、百姓の家には百姓としての教育が行われていたのです。

（山川菊栄『わが住む村』岩波文庫、一九八三年、一四三〜一四四頁）

生活全体が教育の場であること。農をなりわいとする「在」の土地における日常の音、色、匂い、人々の服装、住居のかたち……。山川菊栄がこうしたすべてを「学び」の回路としてとりあげてゆくさまは、生活即学びであるという真実をまっすぐに主張するものだった。そしてこの真実こそ、戸井田が彼の「住む」ことの思想のなかで直感していた核心的な主題の一つにほかならなかった。戸井田自身もまた、辻堂に住むことを通じて、まさに学校教育においては与えられることのなかった別の「学び」のありかたを、あらためて与えられてもいたのである。

「在の思想」とは、つつましい日々の身体と感情から紡がれる、制度外の教育そのものである。「在」とは在郷、といった表現における「いなか」のことであり、おもに都会から少し離れた土着的生活の場をさす言葉であるが、「在住」とはまさに「在に住んでいる」ことであり、すなわち「在」とはもっとも深い意味で「そこに居ること」「そこに住んでいること」そのものをさす言葉にほかならなかった。そんな

「在」の思想を、たとえば戸井田はいまの辻堂にも残る、神々への饗応の習俗からあざやかに取り出そうとする。『日本人の神さま』（一九八〇年）には、辻堂のお盆をめぐるこんな回想がある。

わたしの家の近くに一軒の農家があって、野菜を分けてくれたりして懇意になりました。そこのおばあさんも字が読めませんでした。わたしは、ときどき手紙の代筆をたのまれ、村の習慣や祭りのことなどを聞いていました。

お盆が終わった日に少し野菜物を持ってきて、縁にこしかけて、おばあさんはいいました。

「お客さんがいるあいだきゅうくつだったんで、肩がはっておいねえ（いけねえ）。やっと帰ったで肩の荷が降りた」

「どこから来たお客かね、東京かい」

と、わたしが聞いたら、おばあさんは大口をあいて笑いながら

「オショロさまだよ」

と答えました。

（「日本人の神さま」『本1　こころ』四七五〜四七六頁）

いうまでもなくオショロさまとは精霊様のこと、すなわちお盆のときに家に帰ってきて子孫の饗応を受ける先祖の霊のことである。祖先の霊という、恐れ畏(かしこ)まねばならない神様がお盆で家にいるあいだ、このおばあさんは農家の主婦としてお酒や食べ物で神様をもてなさねばならなかった。先祖の霊にいい気分で帰ってもらわなければ、その年の一家の幸福が約束されなかったからである。例年の決まり切ったしきたりとはいえ、祖先の霊の饗応には気を使ったことであろう。お盆の入りの日には、家の戸口に小さな砂の壇をつくり、その上にオショロさまの乗り物としてキュウリとナスで精霊馬をつくって置かねばならなかった。いやそれ以前に、七月七日には、かつての辻堂村の農家からかならず一人が出て、村を流れている溝をさらう仕事があった。お盆の夜にオショロさまが帰ってくるときに通る道を、きれいにしておくための共同作業である。この溝は、村の田んぼの灌漑用水を村の中へと流し入れて下水がわりに使っていたものであり、それじたい村人の共有物(コモンズ)としての重要な財産であったが、いまはもう汚水を流す文字通りの下水となって、市が管理する地下の排水溝へと変わってしまったものである。人々の生きる日常の場がときに神の通り道ともなる、そうした重層的な空間への日々の配慮もまた、「住むこと」の深い内実としてあったのである。

戸井田が語るこのおばあさんの話には、そうした時代に生きていた村人たちの心性が、いまになっても保持されていることを物語っている。そしてそれこそが戸井田が探究しつづけた「在の思想」のもっともつつましい現れであった。

辻堂村は、その起源を室町期にまでさかのぼることができる古い集落である。しかし江戸期までは、東海道から分岐した藤沢道や大山詣での街道が交差する、ほんとうに小さな村であった。その痕跡を探すことは、完全に首都圏の住宅地となったいま容易ではないが、それでもこの旧辻堂村を一つの古来の生活単位としてみなし、そこに生まれ生きた生活者たちの日々のなりわいと感情生活をこそ、戸井田はあるときから自分自身の思考の原点にしようとしていた。

旧辻堂村の中心があった区画に入れば、かろうじて人びとの日常の信仰生活を知ることはいまでもできる。路傍の神々がそこに点在しているからである。村の中心の辻から伸びる大山街道や藤沢道の周囲には石造りの道祖神がいくつも残り、その周囲には伏見稲荷、白山神社、八幡神社、日枝神社といった小さな社が姿をとどめている。戸井田もしばしば書いているように、辻堂は、その名の由来となっている村の中心としての「四つ辻」を基点にして、東西南北四つのムラ(マチ)に分かれていた。いまでもその意識はあり、もっとも大きな諏訪神社のある四つ辻から見て西町、東町、北町、南町にそれぞれの鎮守、氏神が残っているのである。

四つのムラのひとつひとつは、それぞれに立派な人形山車や神輿を保存している。七月二十六日に行われる夏の諏訪神社例大祭の時には奉納太鼓の音とともに神輿が引き出され、諏訪神社に集結し、村中を練り歩く。戸井田は、「わたしは辻堂のムラの少年たちが祭りが近づいて毎晩練習のため太鼓をうちならすのを遠く聞くと、わたしの身内の血がさわぐのを禁じえません」（「日本人の神さま」同書、五〇三頁）と書いて、すでに「非土着のネイティヴ」としての彼の内面に、この土地の祭や習俗が染み込んでいることを告白している。

この、辻堂での信仰生活の中心となる諏訪神社にまつわる、半農半漁の村独特の風習について、著書『演技』（一九六三年）のなかで戸井田はこんな挿話を紹介している。

> わたしの住んでいる神奈川県辻堂海岸は戦争まえまで静かな寒村であった。本村の農家は平均三反たらずの耕地しかなく、したがって半農半漁の生活を余儀なくされていた。漁といってもトロール船一隻あるではなし、定置網を張るほどの資本の蓄積もなかった。地曳網がいくつかあ

り、網元と曳子とのあいだは多少ルーズにはなっていたが、長い特殊関係があったらしく見うけられた。Aの網の曳子が、自分勝手にBの網の曳子になっていったり、その日の気の向くままに、自由選択で曳きたい方の網を曳くということはなかった。地曳網でとれる魚は、たいていアジ・サバ・イワシ・シラスの類で、量も多くはなかったからトラックで魚市場へ運搬するほどではなく、村の仲買人が買って小売の魚屋へ卸すか、魚屋自身が直接買っていた。そのような貧弱な漁業にかかわらず、わたしから見ると奇妙な慣行があった。

イワシのよりと称して、沖から大きな魚におわれてイワシの大群が海面にもりあがってやってくることがある。そのときはきまって大漁である。すると地曳網にはいったイワシをまず一番はじめに手網で一杯しゃくい、それを子供たちがヨンエー・フンエーと交互にかけ声をかけながら村の中央の諏訪神社までかけ足で運び、その社前にぶちまけてかえるのだった。

（「演技」『本3　みぶり』七八頁）

戸井田がここから導きだす「所有」と「分配」をめぐる古い共同心意の残存についい

ての議論にここで深く立ち入る余裕はない。ただ、おそらくは網元から選ばれた子供たちが、地曳き網漁によって収穫した小魚を一杯杓（しゃく）い、神社に持っていってそこにぶちまけるという、いまの私たちには奇妙に映るかもしれない慣習に戸井田が特別の関心を寄せていることは重要である。なぜなら、ここで戸井田が考えているのは、資本主義的な貨幣経済が浸透する前の村落共同体における、住民のあいだでの「タマス」（分配する）ことをめぐる繊細な日常意識のことだからである。辻堂では、地曳き網の曳き子の労賃は、現物すなわち漁獲の一部を「タマ」と呼ばれる手網に入れて貰う慣行が長くつづいていた。それは近代的な労働賃金の意識が発生する前の、共同漁撈形態の残存であり、漁民個人だけでなく貧農である貧しい曳き子にも古来の権利として認められている共有財産（コモンズ）としての漁獲を、実質的に分配する方法なのであった。子供が神社に不思議な掛け声とともに一杓の小魚をぶちまける慣習は、こうした古来の心意がいまも象徴的なかたちで生きていることの証左なのだった。

　こうした慣行における道具や行為が「タマ」とか「タマス」と呼ばれていることは示唆的であろう。「タマ」とはいうまでもなく「霊魂」のことでもあり、ここでは霊的なるものの交換が経済と呼ばれるものの原形となっていることがはっきりと示されているからである。だからこそタマ（＝霊魂）を動詞化した「タマス」が「分配する」

という意味にもなっていく。別の挿話で戸井田は、戦争前までの辻堂では、村人たちが勝手に松山に入り込んで落松葉をかいていたことにも注目している。貧しい村人は、自家の燃料をほとんど落松葉で自給していた。だから、嵐の翌朝などになると、一家総出で落ちた松葉かきをし、かいた葉を山にしてその上に印をのせておけば、それだけで後から来たものが盗むということもなかった。すなわち砂丘が点在する辻堂海岸の松山とは、「入会（いりあい）」の山として村人の共有財（コモンズ）にほかならなかったのである。ここにもまた、「住む」ことが、共有物や共有空間をともに分けあうことによって成立するなにかであったことが示唆されている。戸井田は、在の者たちが「住む」ことの背後に、こうした古来の共同体的慣習をさまざまな行為として象徴的に反復する無意識の心の機制がはたらいていることを、見逃さなかった。

ここで戸井田が描いているものは、たしかに辻堂という固有の土地における慣習であったが、しかしこうした共同体的な慣習は辻堂に限られるものではもちろんなかった。

戸井田の二年年長である民俗学者・宮本常一が、故郷の瀬戸内海の島での子供時代を回想して書いた『家郷の訓』（一九四三年）にも、戸井田が書いたのと同じような地曳網漁の話が登場する。宮本の家郷である周防大島の家室西方村（かむろにしがた）（現山口県大島郡東和町）の明治末期のこんな風景もまた示唆的である。

カチの島の南端にはエンコ（河童）の墓というのがあった。実はこの海でおぼれ死んだ子供の供養のために建てられたもので、半肉彫の地蔵であった。島では鰯網やデンゴ網（鯵子網）をよくひいたが、子供たちは、そのクジをとるまえにこの墓に祈るときいて下さるというので、土の団子をつくっては供えたが、クジにあたる子供は鰯網なら四人、デンゴ網ならば二人で、祈っただけの子供があたるわけではない。だからクジのあたらぬ子は、かえりにはこの墓に石をなげたものである。

（宮本常一『家郷の訓』岩波文庫、一九八四年、一二三六頁）

周防大島の浜では、決まった曳き子だけでなく、子供にも網を引く権利が分有されていたのであろう。そしてその仕事は、賃労働ではもちろんなく、だからといって誰でも自由に参加できる純粋に任意のものでもなく、地蔵尊の意志にかかわる呪術的なにかとかかわっていた。結果として、引くクジに当たった子供は分け前としてのわずかな「タマ」を与えられたかもしれない。だが子供たちの心には、漁獲の分け前よりも、神に選ばれることのほうがはるかに嬉しかったのだ。だからエンコの墓に投げつけられた「石」には、願いをかなえてくれなかったという個人的な恨みや怒りだけでなく、より深い呪術心意がはたらいているにちがいないのである。そして子供がこの海で溺れることを「エンコに引かれた」といって説明する村人の心意には、曳くものがまた引かれるものにもなるという、海の幸と人々の幸との連続性、海と陸との古い精神的・神話的なつながりが、人々の日常生活を律していたことがうかがえるのである。

もう一つ、戸井田と宮本には興味深い響きあいがある。宮本常一の『家郷の訓』のある頁には、海岸を並んで歩く、大きな荷を背負ったおばあさんと小さな子供の興味深い写真があって、そこにはこう説明がある。「潮が引くと干潟が出る。新宮島へ松葉かきに行って帰ってきた祖母と孫」。ここにもまた松葉かきの日常が村人によって共有されていたのだ。写真の、老婆が背負う身長の倍ほどもある松葉の塊を見ながら、私はその肩にのしかかっているであろう労役への配慮以上に、日々の生活や労働から生まれる「在の思想」こそが、こうした仕事の意味を決定していたにちがいないと感じる。それは労苦といった表現とは明らかにちがう、「住むこと」のよろこびに直結する何かにちがいなかった。

宮本常一の著書『家郷の訓』とは、よき家人となりよき村人となることをめぐる「訓（おしえ）」を、自らの記憶のなかに辿ろうとしたものだった。それはすなわち、制度的な学校教育では不可能な「家郷の訓」あるいは「家郷の躾」であり、「住まうことの道理」にほかならなかった。「タマ」（魂）によって「タマし」（分配し）、「モル」（盛る）ことによって「モラふ」（貰ふ）、共同性にたった饗応と分配の道理。「住むこと」の共同所有的な意識は、こうしたことばの深い内奥に刻まれているものでもあったのである。

⁂

私は戸井田道三の没後しばらくたった頃、遺族の好意で、戸井田が亡くなるまでつけていた構想ノートや覚書、日誌の類を、まとまった形で預かることになった。それらを折に触れて読み、刊行された諸著作の背後にある創作の秘密に触れ、また構想のままに終わったいくつもの主題をめぐる思索の萌芽に触れることは、その後の私自身の戸井田への思いを大きく飛躍させる手がかりともなってきた。

戸井田が書物というかたちで残さなかった思索の種もまた、著作にひけをとらないほどの魅力に富んでいる。反故になった原稿用紙の裏紙を半分に切ってクリップで止めただけの構想メモは、とりわけ戸井田の未定形の思索の端緒が、その時ひらめいたいくつもの連関する言葉として刹那的に書きつけられているようで、生々しく、また刺戟的である。

たとえば「食」という赤い字で分類された構想メモの一つには、こんな対になった言葉が列挙されている。

「うまい・まずい」「軽い・重い」「まろやか・刺々しい」「やわらか・かたい」「熟れた・生」

これはみな、食べ物にたいして、その味や食感についてわれわれが語る時の、一連の対になる言葉である。これが「住」というメモになると、こうなる。

「内と外」「家と道」「ここと　あそこ」「ここと　どこ」

ここで戸井田は、社会距離が境界をつきぬけて住居の中に及んでくる微細な消息が、これらの対になる日本語が示す空間概念の意味の幅のなかで語られているのではないか、と追記している。

われわれは、言葉というものをこうした対概念においてとらえ、それらを対義語として受けとめ、理解の体系に組み込む習慣を持っている。たとえば食べ物の味であれば、それが甘いのか、辛いのか、あるいは重いのか軽いのか、あるいは固いのか柔らかいのか、といった二分法のなかで受けとめ、その感覚を意味づけていく。そうした思考法のなかで、砂糖のように甘いものは甘いものとして固定化され、塩のように辛いものは辛いものとして固定化される。しかし戸井田は、こうした対義語をひたすら思いつくままに上げていきながら、こうした一見対立概念と見られる表現のあいだに、じつはそれほど明確な境界はないのではないか、と疑っているように思える。現代の私たちが、これらを一連の対義語として認知してしまったがために、「辛い」という味ができ、「甘い」という味ができてしまい、その二つが正反対の味として固定化され、分類されてしまったという、いわば「舌の神話」を、戸井田は問い直そうとしていたように私には思えるのである。

戸井田の遺品のなかに、黒い万年筆で「源氏物語こころおぼえ」と表書きされているA5判の大学ノートがある。戸井田は晩年「源氏物語問題集」というテーマでの一書を準備しており、そこでは『源氏物語』の形成過程を、従来の実証的な文献学の方法ではなく、そこに何が書かれ、何が書かれていないか（書かれえなかったか）という、作者の意識と無意識の両方にまたがる「記憶」と「想起」と「再現」という心理過程の問題として読み解こうという刺戟的な視点が示唆されていた。したがってそのための「こころおぼえ」として書かれたノートには、必ずしも『源氏物語』そのものにかかわらない、物語と歴史との関係、言葉への意識や生活感覚などにかかわる哲学的ともいえる本質的な問いかけが随所に記されている。そのノートのとあるページに、構想メモのようなかたちで、つぎのように書かれているのはきわめて示唆的である。

対義語はつねに私たちが発見に努めるべきものなのだ。そして、つねに新鮮に生き生きとした状態をたもつよう手入れをおこたってはならぬものだ。どう固定しようとしてもそれが決して固定化されることのないものであるなら、むしろいつも弾力性に注目し続け、変なところに定着しないようにかえってその弾力性を生かしつづけるべきなのだ。

（遺稿ノート「源氏物語　こころおぼえ」より、一九八〇〜一九八三年頃）

対義語というかたちで語られているもののなかに、その中間にあるすべてのグラデーションも含めて、人間が「発見」すべき言葉の深い神秘のようなものが隠れている。だから対義語の一方を他方と峻別し、厳しく対置させて双方の意味を固定化してしまうことは、人間の生活感覚のなかで揺らぎながら生きてきた言葉の柔軟性や包容力、多義性を見えなくしてしまう。戸井田が「手入れをおこたってはならぬ」というのは、言葉というものはいつも「暮らしながら」手入れしつづける必要があるということであり、言葉の意味の人間的な揺らぎがどこかに固まりそうになったら、その固定化する力に抵抗し、意味にたえず弾力性を与えつづけていくことが必要である、という刺戟的なテーゼである。それは生活者の視線に立った、きわめて哲学的な、言葉にたいする本質的な問い直しであり、けっしてアカデミックな場からは発せられない視点であった。

「住」の思想は戸井田にとって、こうして言語の思想とも直接に結ばれてゆく。住むこと、暮らすことの深い位相を、ことばの、その揺らぎや多義性のなかにも探ろうした戸井田。彼にとって「住むこと」とは、現代社会がどれほど個人主義化されたとしても、そのなかで人間が日々の歴史を体現しつづける集団としての意識を保ちながら生きることである。近代的な「個」や「自我」の世界ではない世界への無意識のつながり、そうした世界へのつつましい帰依の意識が、「住む」ことの倫理として組み込まれた社会を、戸井田はあらたにめざそうとしていた。

⁂

戸井田にとって「住むこと」から紡ぎ出される庶民の「歴史」の実践が、どのような決意とともに展望されていたかを最後に考えておこう。

「凡ての歴史は現在の歴史である」。戸井田は、二十六歳の時に活字化された彼の初めての論考「源氏物語について」(『國文學研究』第五輯、早稲田大學出版部、一九三五年、四一頁)のなかでそう述べている。歴史を過去の堆積物としてみることなく、たえず現在として更新される生の微細な波動を庶民の歴史意識として生きようとしていた戸井田のヴィジョンが、すでにこの若い時代から芽生えていたことを示す重要な言葉である。「凡ての歴史は現在の歴史である」。そしてこのときの「歴史」とは、若き戸井田によれば「記述の歴史」のことである。

このときの戸井田独特の用語に注意しなければならない。ここで戸井田は、客観化・対象化された歴史、すなわち歴史学の対象となる歴史現象のすべてを「存在の歴史」と呼ぶ。それは客観的存在としての「真理」であると措定されるが、それを言語によって表現しようとするとき、その試みはどうやっても近似的にしかその「存在の歴史」に近づくことができない。この、人間の言語によって置換され、存在の歴史へと無限に近づこうとする歴史記述の試みのなかで生み出されるものが、彼のいう「記述の歴史」にほかならない。だがこの言葉による「記述の歴史」の果敢な実践がなければ、存在の歴史における出来事のすべてを階層秩序や分類のもとに取捨選択し、歴史を歴史として語り、意味あらしめることもできなくなる。だからこそ、現在こそが記述の歴史の端緒であり、あらゆる歴史は現在性をその根拠とするほかないのである。

『源氏物語』の言葉を解読しながら、小説がその歴史的認識によって歴史批判となりうる可能性を問おうとしたこの野心的な論考において、戸井田が徹底してこだわったのは「記述の歴史」の可能性とその限界であった。たしかに「記述の歴史」はたえず過去へと繰り込まれることで「存在の歴史」へと近づくが、けっして究極的な歴史的真理となることなく、物語化された「記述の歴史」の内部にのみ自己実現する。結果としてそれは、ふたたび歴史によって批判される。それこそが物語と歴史の弁証法的連関なのである。

この時点で戸井田は、「記述の歴史」の修辞学と構築性のほうに関心を寄せるあまり、「記述の歴史」の背後にある、「存在の歴史」があらかじめ忘却しているブラック・ホールのような領域、すなわち「身体の歴史」とでもいうべき歴史の位相については沈黙している。だがすでに述べてきたように、それから半世紀のあいだ、辻堂に居住しつつ、在の思想を、すなわち庶民の「住」にかかわる土着的な技芸ともいうべき知恵の伝承をあらたな歴史のあり方として探究してきた戸井田は、まさに「記述の歴史」がその方法論的オルターナティヴとして持っていた「身体の歴史」、言いかえれば「言葉以前の歴史」に目覚め、現在時でしかあり得ないその身体の感触だけに頼りながら、彼の歴史学を更新しつづけたのである。

戸井田の死の前年、生前最後に発表した文章の一つとなったエッセイ「一粒の砂のいのち」（一九八七年）が、この不断の努力の行き着いた地点を考えるためのヒントになるかもしれない。それは、一九八七年三月三十日、水俣病の第三次訴訟判決で国と県に患者側への六億七千万円の支払い命令が出されたその日に、遅きに失した判決の三十年の遅延と、そのあいだに命を失った患者たちへの国家の不義に心騒いで紡がれた文章である。「人の命がカネで買えるのか?」と憤激しながら、戸井田はこうした自己の内心の混乱を切り抜ける妙薬が諦めであることを知りつつ、その甘えに抵抗しようとする。

自分の内部におこった混乱を切りぬける妙薬はアキラメである。私はこの点で自分の内部にある日本文化のありかたに反撥を感じるのだ。アキラメは心を安定にみちびき、何かが透明に澄んでくるらしい。それは隣りにいる人の苦しみを軽くし、どこやらでホッと安堵させる。その魅力はわれわれが父祖の代から受けついで来た生活美学であるのかもしれない。私は自分が幼少のときから病弱でいつも死と隣りあわせでいたためか、アキラメの安心にゆくことは極めて容易だと思っている。けれど、その魅力に強いて抵抗して醜く生き、今年やっと七十八歳の誕生日を迎えた。誕生日は三月二十五日である。

（「一粒の砂のいのち」『続 劇場の廊下で』麥秋社、一九八七年、二九四頁）

病弱の戸井田はあるときから、毎年三月十日になれば暖かさがやってくると信じ、十日を春の到来の目安に冬の寒さに耐えてきた。その理由は、戦前の長い療養生活のなかでふと辻堂海岸へ出て日だまりの砂の暖かさに背をあたためて春を感じた経験があり、その日がたまたま三月十日だったからである。戸井田は辻堂の砂山にのぼって砂の暖かさに触れ、石川啄木を思った。「いのちなき砂のかなしさよ　さらさらと握れば指のあひだより落つ」。だがこの個人的な経験にもとづく感傷を思い出しながら暖かさを待ついまの自分が、同じ三月十日の出来事としての東京大空襲の死者のことをなかば忘れていたことに、戸井田ははっと思い当たる。そのことに驚いた彼は書いている。

私は愕然とした。もう一つのことを記憶の中で重ねてはいなかったのだ。本所深川方面に大空襲があって十万余の市民が死んだのも、年こそ違え三月十日だった。私の弟は義弟夫婦が本所に住んでいたので、翌日生死を気づかって焼けあとを探しあるき、むなしく帰宅して、その惨状をほとんど口にしえなかった。……特に子供とそれをつれた母親が多く死んでいる。

恥かしさをこらえていえば、自分のことはつまらぬ些事でもかけがえなく、市民十万の死は他人事（ひとごと）として平気で耐えられるのだ。だからこそ、私は砂山の思い出に閉じ籠ってはならぬと自分を叱咤激励する。

（「一粒の砂のいのち」同書、二九五頁）

東京大空襲のことを忘れ、身近な辻堂砂丘の暖かさの幸福へと傾斜する心に、戸井田はアキラメの心性を読みとり、その甘美な誘惑からきっぱりと離れようとする。

敗戦直後、相模湾を征圧してアメリカの軍艦十数隻がはいって来た。私は啄木を偲（しの）んだおなじ砂山からそれを眺めた。海の水も増えるほど圧倒的な力を感じるかと想像していたが目前にしたものは、海の広大さにくらべてまことに小さい軍艦の隊列であった。富士山が昨日に変わらぬ美しさでそびえている。この雄大な自然のまえでは、アメリカ艦隊がまるでオモチャのように見えた。自然に同一化する伝統的な心性に従って勝敗を超え、死を無視するくらいのことは実に簡単であった。その境地は実に魅力がある。

絞首刑になったある兵隊が、刑場にひかれてゆくとき、小さな川を渡った。教誨師に彼はこうきいた。

「この川はどこへ流れる川ですか」

この静かな態度は限りなく悲しく美しい。その上、日本人なら誰にもよくわかる。だが、それがわかればわかるほど、そこから身をひきはがして、日常生活のたたかいの方へ戻らねばならないと、私は自分にいいきかせる。

（「一粒の砂のいのち」同書、二九五〜二九六頁）

生きること、そして住むことのなかには、この自然の摂理に同一化する「美しさ」が歴史の過程としておのずから組み込まれている。その美しさは尊いものとして受け継がれねばならない。いや放っておいても、それは民衆のほのぐらい日常知のなかに必ず引き継がれていくものである。そうした美学のなかで、生活者の知恵がさまざまな働きを重ね、困難を乗り越えてきた歴史もまたかけがえないものである。にもかかわらず、その美しさへの帰依から身を引き離して、理不尽な死者を生み出す戦争や産業社会の暴走に憤激し、それを批判し、日常の「たたかい」へと戻りつづけること。それこそが「住む」ことのもう一つの内実でなければならない。

庶民のなかに貯蔵された生活をめぐる根源的なエネルギーも、じつはその反転の力を生み出すためにあるはずではないのか。現代において「住む」こととは、このような二重性、このような矛盾をはらむものなのかもしれない。「私は砂山の思い出に閉じ籠ってはならぬと自分を叱咤激励する」。この重い言葉、身体の衰弱を感じていたにちがいない、死の前年の戸井田の最後の日々にあらたな決意として表明された強い言葉を、私たちはいま真に引き継ぐことができるだろうか。

ひとりひとりの生活者の「現在の歴史」のなかに埋め込まれた、この、美とたたかいの二つの流儀、その二重性を生きることの痛苦を日々感じつつも、たたかうことを内的な屈折へと追い込むことなく快活に住まいつづけた戸井田を、いま私は限りなく懐かしく思い出す。戸井田はたしかにこの陰翳ある二重性のなかに「住む」ことを選択した。それはすなわち歴史を現在として生きることの至上の悲しさでもあり、同時に、過去と未来を結ぶ無時間の階梯のなかで夢見られた、生きることの至上の美しさでもあったのである。

2 言葉以前へのまなざし

――舌でしゃべること

生涯をつうじて病弱だった戸井田道三は、しかし決して短かったとはいえないその七十八年のいのちの最後の数年間に、驚くべき哲学的透視力を秘めたいくつもの著作を私たちに残してくれた。精神力もそして思考能力も不可避の減退を示さずにはいられない人間の肉体的老化という現象が、戸井田道三のなかでは奇蹟的な訪れ方を果たしたらしい。晩年になればなるほど冴えわたる彼の思考のみずみずしさと若さに私的な語らいの席で接するたびに、私は感嘆をおさえることができなかった。そしてそうした席でエネルギッシュな語り口によって惜しげもなく披露された戸井田の思想的核心を形成するたくさんのテーマ群は、『忘れの構造』（一九八四年）や『色とつやの日本文化』（一九八六年）、あるいは『食べることの思想』（一九八八年）といった最晩年の著作のなかで、まるでこれから成長し繁茂することを約束された若木のような力強い生命力をいまも私たちに示してくれる。

齢七十を越えてから達成されたかにみえるこの驚くべき思考の跳躍力の秘密はどこにあるのだろうか。私はここで、戸井田道三の著作全体を見渡しながら、彼の仕事を日本の在野の思想家の織りなす星座のなかの一つの特異点として体系的に位置づけるというような試みを、ひとまず措こうと思う。『能芸論』（一九四八年）にはじまり『能――神と乞食の芸術』（一九六四年）、そして『観阿弥と世阿弥』（一九六九年）を経て一つの到達をみた能楽の研究家としての彼の豊かな仕事への評価は、その分野の専門家によってなされねばならない大きな課題だろう。さらに彼の仕事の領域は、おそらくノン・ヴァーバル・コミュニケーションと呼ばれているような身体言語の記号論的研究（『演技』）、深層の歴史学へのまなざし（『能芸論』『能』『鹿と海』）、民俗学や民衆文化への独自のアプローチ（『きものの思想』『幕なしの思考』『まんじゅうこわい』）、さらに演劇や国文学へのユニークな提言（『劇場の廊下で』）など、驚くべき広汎な分野と交差している。こうした諸著作の相互間にあらわれる思考の有機的な連絡を示すことによって、戸井田道三の仕事の全体像を描いてみることも重要な作業にはちがいない。しかし、そうした作業のなかでは取りこぼされてしまうかもしれない戸井田の持っていた非定形の思考の種子の存在への関心が、いま私を別の試みに駆り立てようとしている。

その試みをひとことでいえば、戸井田道三を一つの稀有の「頭脳」と「身体」の共鳴体としてとらえるということだ。彼の思考連鎖のスピードや意味の把握の特性は、私たちが馴染んできた人間の頭脳の働きが示すスタンダードな機能をどこか逸脱しているところがある。具体－抽象－具体と不連続な揺れを示すロジックの奇妙な速度感。突然あらわれる不可解な概念の連想。論理の文脈を無視したかにみえる言葉の選択。一人どこかに飛び去っていくような感覚的な謎めいた結語……。彼の著作を読み進みながら、こうした思考と文体の不可思議でかつ魅力的な揺れや断絶に出会う私たちは、あるときふと、戸井田が自身の頭脳と身体とを結ぶ一つの秘密の思索の連絡通路を掘り出すことに成功していたにちがいないという、ほとんど確信にも似た予感に突きあたるのである。

＊＊＊

一九七〇年代以降の戸井田道三の著作に、しばしば「言葉以前」という特徴的な表現が頻繁に使われだすのに私たちは気づく。この言葉の発見によって、戸井田は自分がそれまでさまざまな領域で思索を重ねてきたテーマの本当の照準がどこにあったのかをはっきりと意識したのかもしれない。そして彼の晩年の思索のほとんどすべては、いっけん軽い自由な「エッセイ」（試論）というスタイルのなかで行われた、言葉をつかって「言葉以前」の状態に遡行しようという困難で魅惑的な哲学的試み以外のなにものでもなかった。

「言葉以前」と彼が呼ぶ人間の誕生時の感覚領域（であると同時に人間の深層に「地」として生き続けている内在的な知覚）を言葉によって探り出そうとする戸井田は、人間の日常的な動作のかげに隠された、原初の「みぶり」の存在にまず注目する。たとえば、「風車と舌」（『忘れの構造』所収）という印象的な文章で、戸井田は能登半島の七尾でぶつかったにぎやかな青柏祭での体験を語っている。その祭りで彼の目を特別に惹いたのは、奇妙なかたちに屋台を組み上げた立派な山車ではなく、むしろ白・赤・黄・緑の四角に切った紙を羽根にした風車が祭りの雑踏のなかでくるくるまわっているなにげない光景だった。鮮やかな四色の風車が風を受けて灰色にかわりながらまわっているのを見るともなしに見ていた戸井田は、突然のように、赤ん坊がゆりかごのなかでじっとなにかを見つめているときのあのつぶらな目を思いだす。もちろんそれは、彼自身が幼児のときにくるくるまわる風車を不思議そうに見つめたときの記憶であるはずはない。そんなことを覚えていようはずもないからだ。たぶん、どこかで見た赤ん坊が、黒くうるんだ純粋な目で好奇心に燃えるようにまわる風車をじっと見つめていたときの様子が連想の作用によって頭に浮かんできただけなのだろう。しかしそのまなざしは、どこかで、自分のものでもあったような気が戸井田にはする。もちろん、まわる風車を見つめる赤ん坊の目がいかに好奇心に燃えているように見えようと、赤ん坊はまだ「これは何だろう」と考えるような認識の段階には達していない。しかしまさにこのくるくるまわるものへの言葉以前の凝視の感覚によって、戸井田と赤ん坊のまなざしとがどこかで鋭く触れ合っているのだ。戸井田は書いている。

言葉以前の何かが風車のくるくるまわる運動によって呼びさまされ、それから対象と自分の未分化な、幼児の原初的な状態が復元されたから、赤ん坊のまなざしが私自身のか他人(ひと)のものかわからぬことになったのだ。つまり幼児に特有な自他を区別できぬ活動の中心化がおこなわれたのだと考えられる。　（「風車と舌」〔「忘れの構造」所収〕『本1　こころ』一七四頁）

対象と言葉以前の状態においてつながっているという連続性の感覚のなかに、自己の認識を解き放ってゆくようなこうした体験こそが、もっとも戸井田道三的な体験の原点であった。子供のときに座敷でぐるぐるまわってわざと目をまわす遊戯の体験も、戸井田にとって風車を見つめる赤ん坊への復帰以外のなにものでもなかったことが了解される。すなわちそうしたみぶりは、幼児が前言語的混沌のなかから言語を学習してゆく構造形成のプロセスをあともどりすることによって、人間が原初の感覚領域に遡行するための仕掛けとなっているのだった。

さらに沖縄の知念にある琉球王朝時代の聖地、斎場御嶽（せいふぁーうたき）を訪ねたときの体験が戸井田の思索に追いうちをかける（「忘却の空白と糸」『忘れの構造』所収）。かつては聞得大君（きこえおおきみ）の即位式が行われ、現在でもノロの集団的な祭祀があるというその御嶽のある山の頂へ息を切らしながら登りついた戸井田は、奇岩がそそり立ち鍾乳洞のような景観を呈するその場所に、巻貝がたくさん散らばっていることにひどく印象づけられる。さらに久高島の巫女の祭祀で女たちがこもるカミアシャゲという家でも、彼は同じような巻貝を発見する。彼は突然、子供のころ遊んだベイゴマにも巻貝のような凹凸がついていたことに思いあたる。ベイゴマのベイは「貝（バイ）」である。戸井田は、貝を独楽のようにまわす呪術があって、それが子供の遊びに変化したものがベイゴマではなかったか、と考える。すなわちここで彼は、ぐるぐるまわるものへの人間におよぼす特殊な心的効果をみようとしている。そう考えれば、風車も、座敷でぐるぐるまわって目を回す子供の遊戯も、カゴメカゴメも、フィギュア・スケートのスピンも、能のゆるやかにまわる舞も、歌舞伎のまわり舞台というような構造も、すべて一種の酩酊状態をつくりだすことによって非日常的な聖なるなにものかとの連続性を回復しようとする原初的なみぶりと関連していたことが解ってくる。沖縄の聖地の巻貝も、山伏のホラ貝も、琉球から出土する人骨がしばしばゴホーラという巻貝を切った腕輪をしていることも、すべて人間が巻貝をことさら重要視していたことのあらわれであるとすれば、それは必ずどこかで、人間がぐるぐるまわるものの精神におよぼす特殊な作用をしっかり認知していた事実と重なり合っているのだ。

言葉以前の「原初」のみぶりにたいする特異な感覚は、こうして身体の領域から図像やデザインの領域にまで投影されてゆく。物質の構造的な形態に自らの原初の身体感覚を流し込んでゆくような発想法――。「言葉以前」への感受性に根ざした戸井田特有の図像学（イコノロジー）の秘密がここにある。

「言葉以前」の世界へ遡ろうとする戸井田が方法論的にもっとも見事に駆使したのが、言葉の「音（おと）」としての性格をなかだちとした概念連関の方法である。『色とつやの日本文化』に収められた「摺染（すりぞめ）のみだれ」という文章がこうした方法の独自性を鮮やかに示している。

あるとき戸井田は、家の幼い子供たちが白紙の上に置いたもみじの葉に霧吹きに入れた墨を吹きかけ、もみじの葉の痕がくっきりと紙の上に残るのを面白がって遊んでいる姿に引きつけられる。これを、もののかたちが紙にうつることへの興味であると考えた戸井田は、「うつる」という音がかかえこんでいる多様な感覚の世界に思索をめぐらせることによって、「言葉以前」へたどり着こうとする。「うつる」ことの背後には、ゆるやかな「移行」の感覚が存在している。もみじの葉で遊んでいた子供たちは、まさに葉の像が写真を撮るようにいっぺんにパッと転写されるのではなく、墨の霧が紙の上に落ちるにしたがって徐々にしあがってゆくという「移行」の過程が面白かったにちがいないのだ。うつるは「移る」であると同時に「写る」でもある。現代の写真技術では、なぜ写るかは科学的に説明できるが、それでも人間は「写る」ことのなかに不可思議な何かを感じとる。戸井田は書いている。

写真を撮ると影がうすくなり、それだけ寿命が短くなるというような考えをもつ人びとがいた。今でも三人でいっしょに写真をとると、一人が死ぬなどという。それを避けるために一人に人形をもたせたりする。人形を人のうちに数えて四人とするためか、それとも死ぬ役割を人形に負わせるためか知らないが、とにかく、人々のなかに古い気分が残っていて写ることに何かを感じるのである。

（「摺染（すりぞめ）のみだれ」『本2　かたち』一五〇頁）

ここで「古い気分」と表現されているものが、「言葉以前」の感覚であることはもはやいうまでもないだろう。「うつる」ことの神秘は、写真というような近代テクノロジーのなかにおいても潜在的に知覚されているのである。さらに、病気がうつるともいうように、「うつる」とは「伝染する」ことでもあった。伝染と、「染」の字を使うことからもわかるように、病気の伝染とは病に「染ま」ることであり、それが「うつる」ことの一つの現われ方であると考えられていたことを示している。しかも「染まる」ことはどこかで布地を「染める」ことにつながっていた。原始の摺染めとは、自然の草や花のかたちあるいは色をじかに布地にうつすことである。摺染めは布についた一種のまだらやしみのようなものではあったが、それは染色技術の未発達がもたらしたものであるというよりも、むしろより呪術的な動機にもとづいていた。そしてそのことが、摺染めにある特別な感覚を付与し、それによって「春日野の若紫のすり衣しのぶのみだれかぎりしられず」（『伊勢物語』）という歌にあるような「心の乱れ」を象徴する心理的有徴性をのちに獲得してゆくことになる。このあたりのことを戸井田はつぎのように述べている。

> 原始の摺染は、大地に根ざし、成長繁茂する草木の液汁を、衣に移す、ことによって生きる呪力を感染させるものであったかもしれない。そのもとの気分が忘れられたのちも、それを美しいとする社会感覚が残って、まだらやしみの中に草や花の痕を見ていたのだと想像される。生きるしるしと見えたのは心にしみたものがあって迎えたからである。つまり染めるという作業によって、われわれは心に染みることを知ったわけであり、草や花や木をしみじみと見ることが可能になったのである。
> （「摺染のみだれ」同書、一五四頁）

「うつる」という音と「しみる」という音をむすんで言葉が意味の世界に分化してゆくぎりぎりの稜線をゆるやかに渡りながら、ここで戸井田は理解や感情のシステムの底にひそむ「言葉以前」の感覚へと、微細な思索の通路をひらいてゆこうとしているのである。

⁂

『食べることの思想』に収められた「おしゃぶり」という文章が、言葉の音声的側面をなかだちとして、隠されていた概念連関を発見する戸井田流の思考法の一つの到達点を示している。母親の乳にしゃぶりつくことだけしか知らないように見えた生まれたての姪が、しばらくすると乳に飽きたときに器用におしゃぶりを持ち、それをしゃぶって機嫌よくしていたという思い出を語りながら、戸井田は「しゃぶる」ことで幼児は乳以外の何かをも味わっているのではないかと指摘する。赤ん坊が、食べ物でもないのにあらゆるものを口へ持ってゆく行為は、彼らが「しゃぶる」ことによって、彼らの外界に展開しはじめた対象をなんとか認識しようとつとめていることを示している。やがて赤ん坊はなにかわけのわからぬことを「しゃべり」はじめる。すなわち「しゃぶる」も「しゃべる」も、舌と唇でする行為として、おなじ生理的な感覚を共有した言葉以前の語感を含む言葉だったのである。「言葉の始まりはしゃべるだったと考えてまちがいない」としながら、戸井田はしゃべることのなかに含まれていた言葉の未分化な流動体がやがて一定の「型」をそなえ、文法的・音韻論的分節化を経て「語る」ことが可能となる道筋をしめしてゆく。すなわち、「語る」と「型」は同根だったのであり、「しゃべり」を型化することで「語る」ことが生まれたのであった。したがって、語られた言葉の意味を了解するためには、その「型」を分類し、意味の構造を腑分けしてゆけばよかった。すなわち「解る」は「分る」でもあったのである。こうして言葉の音としての側面をたよりに「しゃべり」から「語り」が生成する道筋を見事に解き明かしながら、母と子の融合状態の感覚が自己–他者意識にもとづく社会的感覚へと変移してゆく過程を、戸井田はつぎのような文章によって示唆する。

> 乳児であった時はそこにあるものに吸いつき、ただ飲むだけであった。そこにあるのが母体の一部であるのを知らない。名づければ世界としかいいようのない漠然と在るものだ。乳を飲む行為から、はえた歯に

よって噛む行為に移行する段階で、乳児ははっきり乳房の中の乳首にねらいをさだめ、それに吸いつき、ただ受動的に与えられていたものを積極的に求め意志的になる。はえて来た歯でときどき乳首に噛みつくこともある。母は思わず痛いという声をあげて、乳首をひきはなす。

歯がはえるということは、実は噛む練習をするように内から促されることだった。したがって、姪が満足気にしゃぶっていたあの木製のおしゃぶりは、ただしゃぶるだけでなく、噛む機能をも訓練することになっていたのである。受動的に乳に満足できる幸福は、訓練の促しのなかでひび割れを生じ、おしゃぶりに残された歯形は、あとに母への郷愁の形見を残すことになる。それによって、おおげさにいえば子供の自我のめざめへと道がひらかれる。

母親が「痛い」と叫んで乳首を子供の口から引き離す、と同時にその痛みに耐えることでしか子供は自我の芽ばえにあずかりえないのである。

（「おしゃぶり」〔「食べることの思想」所収〕『本1　こころ』三四四〜三四五頁）

ここで戸井田によって示唆された、乳を「しゃぶる」ことのなかにある母子融合状態のもつ無定形の身体的欲動を、フランスの文学理論家ジュリア・クリステヴァはプラトンの用語を借りて「コーラ」と名づけている（J・クリステヴァ『詩的言語の革命』原田邦夫訳、勁草書房、一九九一年（原著一九七四年））。「コーラ」は、記号、意味、主体といったものの誕生に先行する無限定の混沌をかかえた一種の運動体であるが、同時にそれは融合状態から主体が自己を分離し、母体を一つの「他」として定立するための準備が行われる場であった。すなわちそれは自己＝主体がまさに形成される「意味生成の場」でもあったのである。母体との融合とそこからの分離とが同時に行われるこの両義的な場では、つねに依存と忌避という相対立する欲動のせめぎあいが続いている。クリステヴァはこうした曖昧な身体的欲動の場をあらたに「アブジェクト」と呼び、この主－客融合の両義的場が「おぞましきもの（アブジェクト）」として排除されることによって、自－他の完全な分離が成立すると考えたのだった。

クリステヴァはさらにこの分離と排除のメカニズムを詩的言語における記号作用や精神分析の領域へと展開してゆくが、ここでそれらに詳しく触れる必要はないだろう。私たちはむしろ、戸井田が「コーラ」とか「アブジェクト」とかいった用語の存在からまったく独立した地点で、母親が歯の生えかけた幼児によって乳首を嚙まれて「痛い」と声をあげながら幼児を引き離すそのしぐさのなかに、「しゃぶる」から

「語る」ことへの移行による主体と意味の生成の瞬間を直観的に探り当てていたことに、注目すべきであろう。戸井田にとっては、言語の生成の問題も主体の生成の問題も、すべてこの母と子の構図のなかに、「音（おと）」の問題として現われていた。「しゃぶる」ことが「しゃべる」ことを生みだし、しゃべりが型化されて「語り」が出現し、それが分節化をともなった理解の構造（すなわち「解る」＝「分ける」）へと通じていることを、言葉以前をかかえた音のつながりがはっきりと示している。

生まれたばかりの赤ん坊の泣き声は、言葉の違いを超えて地球上どこでも普遍的である。それが、やがて固有の「言語」へと分化してゆくなかで、しかし人間は決して言語の相違が理解の障害になるとは考えない。言葉が違っていても相互にわかりあえると私たちが確信していることの背後には、必ず「言葉以前」すなわち言葉が人の口にのぼってくる発生過程のありかたが人間に普遍的に共有されているのだという無意識の確信があるからではないか、と問いながら戸井田は書いている。

> もし幼児がしゃぶることからしゃべることを分離するのを可能にする力を主体に潜在させているとしたら、それは人間存在の根源的なものにもとづく内的な論理と整合するもので、あるいは構造といえるものかも

しれない。この構造は意識されないから隠れているが、「しゃぶる」と「しゃべる」が一致する地点へ戻り、それらを分離させる経過をたどりなおせば、姿をあらわすことになるであろう。

（「おしゃぶり」〔「食べることの思想」所収〕『本1　こころ』三四五頁。傍点引用者）

戸井田の関心は、つねに、個々の言語体系として成立した意味の世界のなかにではなく、個別言語に特化する以前の人間共通の普遍的な「理解の体系」が、非言語的媒体を通じて社会や身体に表面化してくるさまざまな現象のなかにあった。したがって言語学的な意味においても、戸井田の思索はきわめて本質的なものであった。先の引用で戸井田が「構造」と名づけている、言語習得の原初的素質の普遍性については、すでにチョムスキーのような言語学者がいちはやく指摘していた（Noam Chomsky, *Aspects of the Theory of Syntax*, Cambridge, MIT Press, 1965〔チョムスキー『統辞理論の諸相――方法論序説』福井直樹・辻子美保子訳、岩波文庫、二〇一七年〕）。チョムスキーは、幼児は一種の「言語の普遍的な特性」への認識をもって生まれてくるのであり、そのことが特定の言語共同体における彼らの言語習得をそれぞれの文脈のなかで容易にしている、と考えた。こうした言語におけるユニヴァーサル（普遍的特性）を論ずる流れはファーガソンらによって受け継がれた（C. A. Ferguson, "Absence of Copula and the Notion of Simplicity: A Study of Normal Speech, Baby Talk, Foreigner Talk, and Pidgins," in D. Hymes, ed., *Pidginization and Creolization of Languages*, Cambridge, Cambridge University Press, 1971）。彼は赤ん坊や外国人や聾唖者といった特定の共同体における言語理解の体系の外部にいる人間において、ちょうど電報の文章のような連辞や冠詞や前置詞を省略した独得の語法が共通して使われることの見事な一致の上にたって、こうした単純化の語法のなかに現われる普遍的特性が、あらゆる言語習得の基盤に存在すると結論づけたのだった。

しかし戸井田とのかかわりで私たちが注意すべきは、むしろビッカートンが、『言語のルーツ』（一九八一年）などの著作で展開した「言語バイオプログラム仮説」についてである（デレック・ビッカートン『言語のルーツ』筧寿雄訳、大修館書店、一九八五年）。ビッカートンは、ピジン・クレオール諸語の詳細な研究の上にたって、言語接触がもたらすピジン化の果てに現われる世界各地のさまざまなクレオール諸語（たとえば相互にまったく独立して形成されたと考えられるハワイ・クレオール英語とカリビアン・クレオール諸語）が、みなおどろくほど類似した統語法を共有していることに特別の注意を向ける。ビッカートンはこうしたクレオール諸語間の文法的符合の理由を、言語習得以前の人間の頭脳がニュートラルなかたちで所有している一種の生得的な時制－叙法のシステムの存在に帰する。分節化が完了し個別言語として「有徴化」される以前の浮遊する「中立言語」としてのクレオール諸語のシステムのなかに、ビッカートンは人間の頭脳における「構造」づけへといたる先天的な傾向を察知したのだった。

こうした言語学における重要な発見を、戸井田の思索は別の視点から正しく見定めていた。幼児が、母体と融合した「内在性」の世界に別れを告げ、言語によって代表される「構造」の世界へと踏み出してゆく過程が、「しゃぶる」ことから「しゃべる」ことへの移行のなかに凝縮されたかたちで現われていることを、戸井田はその柔軟な「言葉以前」の感覚によって直感していたのだった。こうして、誕生後まもない人間の流動的な意識が、「理解」という認識の地平に立ち現われる「言葉」の世界に向けて最初の離脱を果たしてゆく瞬間、すなわちクリステヴァのいう〈放擲（アブジェクション）〉の瞬間を独自の方法によってつかみとった戸井田は、言葉の分節化の過程へとさらに思索を進めてゆくことになる。

＊＊＊

戸井田道三の思考の底流には、つねに人間の認識や理解のスピードに、それについて「説く」速度を限りなく近づけてみたい、という強い意志のようなものが感じられる。戸井田流の概念連関でいえば、「解る」速度とは「分ける」速度でもあり、また「説く」ことは「解く」ことでもあった。だから、人間が対象を「分け」つつ言葉の「分節化」を推進してゆく過程について考えをめぐらせるための言語もまた、ちょうど言葉がコーラ的混沌から離脱して意味的単位を形成してゆくときの速度感そのものを反映していなければならない、と戸井田は考えていたのである。

このような、人間の論理的思考が内にもつ「誕生と発育の感覚」を自覚的にとりだし、これによって語るための言葉のロジックを新たに内側からつくりかえようとしたのが、戸井田の思考と文体だったといえるかもしれない。

戸井田にとって、認識や理解が発生するときの固有の速度感を直観的に知るてがかりとなったものに、たとえばアイヌの習俗である「熊おくり」の祭礼があった。捕獲し、一定期間ていねいに飼育した小熊をしきたりどおりに殺し、土産物を持たせて熊の本土に送り返すというのが「熊おくり」の祭りの手順である。そしてその意味は、熊の肉をありがたく受け取って礼儀正しく送り返せば、熊は着物をぬいで神のほんとうの姿となり、よろこんで彼の本土へと帰ってゆくのだ、という信仰にあった。

戸井田が注目するのは、熊を解体し、そのからだの各部分を祭りの庭に立てた聖樹の枝々にひとつひとつ掛けてゆくときのしきたりについてである。左右対称に枝を出した聖なる樹の中央の上部にまず熊の頭を置き、つぎに性器を下の方に置き、さらに両手、内臓、両足という順で熊が後ろ足で立ち上がったかたちに掛けてゆく。この祭りの厳密な手順を克明に追った記録映画を見ていた戸井田は、急にある種のひらめきのようなものを感じる。

それを見ているうちに、私はわかるということが身体的な何か、あるいは構造といっていいのかも知れないものと対応しているらしいことがわかった。それは空間を直観的に了解するしかたが直観的にわかったということらしかった。飛躍したいいかたになるが、つまり身体は一つの宇宙なのである。頭・性器・両手・臓器・両足という諸部分が全部結合され統一的に身体を形成したとしても、それはただ外に在るものの算術的（かぞえられる）合計にすぎない。宇宙であるためには、ただ在るだけでなく、つねに宇宙に成る何かでなければならない。それを直感し、同一化したらしい。

（「貝の中」〔「食べることの思想」所収〕『本1　こころ』三八六〜三八七頁）

みずから「飛躍したいいかた」であると書いているように、こうした文章のなかには、本来言語化できないものを言葉によって「説く」ために編みだされたいくつかの秘密の技法が詰め込まれている。その一つが、さきほど言った、「認識」にかかるスピードを「説く」ときのスピードに合体させるという方法である。もともと熊おくりの祭りそのものが、熊を物理的に解体し、それらの体の断片をふたたび今度はより内在的な宇宙観にしたがって統合してゆく動きをつうじて、「理解」がたちあがり「認識」が形成される道筋をたどり直そうとする儀礼でもあった。だから、熊の頭や臓器や手足が樹の枝に掛けられてゆく儀式の進行速度は、同時にその過程をともに生きることによって生じる私たちの「了解」の進行速度と見事に対応しているのだった。戸井田はこの、理解が発生し、宇宙が感知されるときのスピードに彼自身の思考と叙述のスピードを微細に同調させながら、「わかる」ということの前言語的神秘をつかみだそうとするのである。

熊おくりの儀礼で聖樹に臓器や手足を掛けてゆくことは、熊の身体の断片を接ぎ合わせて外見的な全体を再構築すること以上の意味をはらんでいる。そこでは、視覚的に臓器や体のパーツの集合体が完成されたことよりも、熊の身体に託して空間を一つの宇宙として感知するためのプロセスが表現されていることの方がはるかに重要であった。そしてこの手順を模倣するかのように、戸井田の文章も、論理のパーツとしての説明単位を正確に順序だてて提示しながらそれらを統合してゆく手続きをしばしば採用せず、逆に思いがけない飛躍や感覚的な表現をあえて使用することによって、認識の生成する未発の空間を一気に「了解」することのできる道に私たちをいざなおうとしているのである。

思考の言葉をあやつるときの戸井田が、人間の論理的構想力が隠し持つ「誕生と発育の感覚」をつねに記述の支えとしていたこと。その事実は、「お水屋さんごっこ」（『色とつやの日本文化』所収）という文章にゆるやかに流れる言葉の運動性がよく示している。そこでは、言葉ひとつひとつが誕生時のような生き生きとした「輝き」を持ちはじめ、日常的な光景を平易に語る文章の美しい「きめ」のなかから、思いもかけない衝撃力を持った思想があふれだしてくる。

ここでも戸井田の思索の出発点は幼い子供たちのママゴト遊びの風景である。子供たちが庭に茣蓙（ござ）を敷いてすわり、ガラス壜をならべ、朝顔や露草の花などで作った色つきの水を「青いお水をください」などといいながら楽しげに遊んでいる。牛乳壜や、薬壜や、口の欠けた醤油さしなどに色のついた水をうつしながら、彼女たちは空想のおもむくままに言葉をやりとりしている。こうした光景を優しいまなざしで観察しながら、まずここで子供たちによって取り扱われているのが水という流体であることに注目しつつ戸井田は書いている。

水の流動性、器物によって輪郭をきめられる液体の容易な変容、これは筋肉の訓練ができず道具をつかって対象に変化をあたえることができない時代の幼児でも、あつかうことができる。壜から壜へうつすときの壜のかたむけかた、小さい口からあふれさせないためにどのように口と口とを接触させたらいいのか、そういう微妙な呼吸を、まちがえても怪我をしない安全さでおぼえるのは、まず水遊びしかない。やりそこなっても、たかだかひざをぬらし、莫蓙をよごす程度ですむ。そのために彼女らは庭の上にじかに莫蓙を敷いているのであった。彼女らは莫蓙一枚をへだてて、土のしっとりしたつめたさを肉体でじかに感じている。

……

お水屋さんごっこの朝顔や露草で色つけされた水は、こぼれたばあい、すみやかに莫蓙をとおして土にしみこんでしまう。自然の摂理が貫徹しているといっていいような何かが、意識せずに確実に彼女らの遊びの中で肉体的におぼえられていく。

（「お水屋さんごっこ」〔『日本人と色』所収〕『本4　まなざし』三六頁）

こう書きながら戸井田は、子供たちが赤ん坊のころ自分の口からあふれさせていた母乳の経験が、流体をあつかうこうした遊びのなかにこだましているのを決してみのがさない。もちろん母乳を飲む時代は、戸井田の言葉でいえばまだ「言葉以前」であった。だから白い液体を飲むということを言葉で記憶していたわけではなく、したがってここで白い乳と色つき水とを類比させているわけでもない。しかし「何かが何かを呼ぶのである」と戸井田は書いている。流体をめぐるとらえどころのない身体的記憶が、夢のようななつかしさとともに「お水屋さんごっこ」の小世界をみたしてゆくのだ。いまや彼女たちは少し大きくなって、桃色の水、緑色の水、黄色い水、青い水というように、色の違いによってそれぞれの水を区別する言語的方法を手に入れかけている。朝顔の花弁をしぼり、露草の花をつぶすことで彼女たちは色を知り、さらにガラスの器物に色の水を入れることによって輪郭を知る。すなわち、「液体には輪郭がないこと、輪郭は色の接する線によって構成されること」を知るのである。戸井田はさらにこう続けている。

「青いお水をください」

そういって、からの壜をさしだすとき彼女は父親の大事にしている西洋のお酒を、エキゾチックな酒壜の色で考えているのかも知れない。「はい。お高いですよ」などと答えて、壜から壜へ青い水を入れかえているもう一人の女の子も、別のお酒のことなどを考えているのかも知れない。彼女らは、もう言葉で記憶を蓄積しているから、類比によって連想することができる。そういう言葉のやりとりが、おもしろいのは、言葉以前のあのなつかしい肉体の直接的記憶を変型しつつ言葉で輪郭をあたえるからにちがいない。

かくて生活は制度と慣習という容器によって輪郭をととのえられ、その内側を色の水のような言葉以前によってみたしていく。リンゲル氏液にうかぶ細胞のように、夢の水溶液は生命をゆたかに増殖再生させてゆく。

（「お水屋さんごっこ」同書、三七～三八頁）

こうした戸井田の記述は、言葉とそれが伝達しようとするメッセージとの直覚的な結びつきという点で、一つの奇蹟的な達成を示している。「お水屋さんごっこ」にみられる、子供が流体に輪郭を与える動作が、同時に「言葉以前」と呼ばれる内在性の感覚に言葉という輪郭を与えてゆく過程に対応していることを論じながら、さらにその論ずる言葉じたいを、一つの論理の枠組みをコーラ的身体感覚へとつながるなつかしさの感覚でみたすことのできるような言葉に限りなく近づけてゆくこと……。言葉にならないなにかが人間の認識の風景をそのおおもとで支えていることを、言葉の空白のなかに流れ込んでくる「言葉以前」を宿した言葉によって語ること。戸井田にとって「説く」ための言葉とは、まさに子供たちが流体を輪郭によって画してその色をいつくしむのに似た、「お水屋さんごっこ」のガラス壜のような存在だったのである。

＊＊＊

誕生後まもない赤ん坊が無垢のまなざしを中空にさまよわせながら母親の胸に抱か

れている光景を注視し、やがて子供たちがいくつかの決定的な「別れ」を経験しながら大人の世界へと確実に近づいてゆく軌跡をあたたかく見つめながら、戸井田はつねに、自分のからだがそうした赤ん坊や子供たちのからだと連続していることの不思議について考えをめぐらせ続けていた。戸井田のいかなる文章も、それが内に宿す「誕生と発育の感覚」によって、まるで自分のからだの機能や代謝を微細な感覚によって確かめながら行われた思索の言葉であったような印象を私たちに与える。事実、戸井田ほど自身のからだのあらゆる変調や虚弱性を敏感に感じながら「考え」続けた思索者は他にいなかった。

彼の病歴をみると、それらの病が一人の人間の肉体にすべてふりかかったと考えるのはあまりにも過剰であり苛酷であるという印象をぬぐうことができない。小学校へあがるまえに、すでにジフテリア、肺炎、赤痢、と三度も死にそうになった経験を持つ彼は、小学校六年の夏休み、急性肺炎で四十二度を越す発熱をみ、一週間死線をさまよう。脳の機能が異常をきたし、荒唐無稽なうわごとを言いつづけるのだが、そのうわごとの内容を彼は不思議に鮮明に覚えている。中学にはいると肋膜炎にかかり、当時の保養地だった湘南に転地するが、肋膜炎はその後も何度も再発しては彼の社会的再出発の決意をくじくことになる。二十五歳の年にもふたたび意識障害を起こすが、このときの原因は腸チフスによる発熱と大量喀血であった。数日間の記憶の空白をこのとき体験する。翌年ふたたび結核による喀血。四十歳過ぎまで長期の療養生活を余儀なくされる。五十一歳でふたたび喀血。のちしばらく小康を得るも、昭和五十八年、七十三歳でふたたび血痰が出るようになってからは外へ出ることもほとんどなく、その五年後、七十八歳で逝去したときの肺の機能は、じつに片肺の半分であったという。こうした病跡をたどるかぎり、戸井田の肉体に攻撃目標を合わせた病の執念のようなものにだれもが言葉を失うかもしれない。しかし、彼はこの唯一の肉体を七十八年間かかえ、それをやさしくなだめながら「考え」続けた。病は思索への欲望を痛めつけるどころか、かえって自己のからだへの凝視の視線をますます研ぎ澄まさせ、生理と神経と精神との意外な相互連絡の可能性を、彼に実感させることにつながっていった。

事実、昭和四十年代後半から、多少とも自覚的に戸井田との交わりをはじめ、近くにあった彼の住まいをしばしば訪ねては「漫談」（戸井田は人との対話をいつもこう呼んでいた）の聞き役（のちには挑発役）となった私の印象でも、彼は「病人」の外見をおよそ感じさせない精神の覇気と旺盛な知的好奇心によっていつも私をにこやかに迎えてくれた。健康が小康状態をたもっていた昭和五十年代初め、一緒に奥三河の花祭りを訪ねたこともあったが、こうした夜を徹した祭礼のようなときにもっとも生き生きと動きまわるのもまた戸井田であった。自分の病気の肉体の限界線上まで踏み込み、ほんの少し無理をしながらその未知の限界を楽しむというような実験を彼が嬉々として行っているように見えたことさえある。病弱な体を持つことが、晩年の戸井田にとっては、むしろ彼をある積極的な思索の行為へと促す性格のものであったことを、私はそのような機会に確信することになったのである。

こう考えてみれば、晩年の戸井田が、じつにまれな頭脳と肉体の持ち主であったことがわかってくる。ふつうならば、小学生のときか、さもなければ中学生のときの大病であっけなく逝き、あるいはそこでもちこたえたとしても結核のためにせいぜい四十年ほどの命を全うするのが精一杯であるはずの虚弱な肉体を、戸井田は奇蹟的にもほとんど八十年間の長きにわたって生かせつづけ、その肉体を起点にして思考しつづけた。病弱で夭折した何人かの思想家をのぞけば、健康長寿者の思想しか持ちえていないように見える日本の知性史のなかで、こうしたことは、かつて起こったためしのないことであったとさえいえるかもしれない。虚弱なからだへの凝視をつづけ、行為が生理にどう作用し反応するかをひとつひとつ確かめながら動き、考える生活を八十年近くのあいだ継続するという稀有の体験のなかで、戸井田の頭脳が誰も到達したことのなかった思惟の領野に進入しかけていた可能性はじゅうぶんに考えられる。いわば肉体を超越した「考える体」のようなものが晩年の戸井田のなかに実現されていたように私には感じられるのだ。

戸井田は、体の芯で生き、体の芯で考えていたのかもしれない。病などというものも、からだのごく周辺部で起こる異変のようなものであって、背が高いとか顔が大きいとかいったこととそれほど違いはない。自転車に乗ることをからだが覚えるように、病弱のからだを操縦することをからだに覚えさせれば、頭は自分が病気であることを「忘れ」ていられる。晩年の戸井田がこうした境地にすでに入っていたことは、「洒脱な病人」（『忘れの構造』所収）というきわめて「健康」なエッセイが教えてくれる。病が決してとどくことのできないからだの芯の部分で生き、そこから思考すること。彼はこのことをいつのころからかたくみに実行しはじめた。たびかさなる大病に苦しみながらそれをやり過ごすという繰りかえしのなかで、病の経験のない健康人ならば決して感知しえないからだの芯の存在を彼は自らの肉体のなかにはっきりと意識するようになっていったのである。そしてそのからだの「芯」のようなものは、どこかで、いまだ母親と融合状態にあったころの幼児的身体との連続性を維持していた。そしてまさにこの地点で、虚弱な自己のからだを見つめつづけた戸井田の生理的まなざしと、彼の「言葉以前」への哲学的まなざしとが見事に重なり合うことになったのである。

晩年の戸井田道三は、かなり意識的に「からだ」という言葉と「身体」という言葉を区別して使っていたように見える。「からだ」とは、とりあえず戸井田にとって、いわゆる生理としての、あるいは物理的存在としての「肉体」を意味していた。それは完全にマテリアルな存在であり、それはまだ「思考」したり「理解」したりする以前の段階にあると考えられた。一方「身体」とは、まさに人間がそのような「からだ」という物理的現象を認知し、了解し、それを空間のなかで使用してゆくときに立ち現われるもので、自然－文化－歴史の連続体のなかに置かれて息づく人間的な現象のことであった。「からだ」が認識による了解以前のからだであるとすれば、「身体」は了解されたあとのからだであるともいえるだろう。

「からだ」という物理的な存在の周囲に、理解や了解のさまざまなコードを接続してはじめて「身体」ができあがるとすれば、それはすでにみてきたように、人間が「言葉以前」の感覚を分節化し、「分ける（＝分かる）」ことによって作り上げてきた制度的・社会的システムに対応するものであった。そうした戸井田の身体観が日常的逸話を使いながら比較的分かりやすく述べられているのが「置き忘れる眼鏡」（『忘れの構造』所収）と題された一文である。老眼鏡をよくどこかに置き忘れてはあちこち探しまわったあげく、あきらめかけてひょっと机の上を見ると、辞書の上にちょこんとのっていた、というような経験を重ねるうちに、戸井田はそれが老年による「ボケ」に由来するのではなく、眼鏡という存在の、人間のからだに対する特殊な関係によるのではないかと思い当たる。ほかの小物は置き忘れたためしがないのに、眼鏡だけはよく置き忘れるのはどうしてなのか？　それには理由がなければならないはずだ、と彼は考えたのである。

人間は自己の周囲の空間を目によって了解し、そのなかで自分が動き回るための構造化された空間を作りだしてゆく。それは私たちの個々の生と特殊な関係を持ったいわば「生きられた空間」であって、決して数学的で同質的な空間ではない。家のなかの家具の配置や本棚のなかのさまざまな本のありか、机や電気スタンドの位置やドアの把手の場所など、こうした生きられた空間に配置されたものの位置は、私たちの「身体」によってすでに了解されているので、暗闇でも造作なく見つけだすことができる。すなわち私たちのからだと分離されて存在するこれらの電気スタンドや机は、まさにからだと離れているというその存在形態によって、私たちによって生きられている空間に組み込むことができるのである。ところが眼鏡はどうだろうか？　眼鏡はそれをかけていないと目が目としてちゃんと機能を果たさないという意味では、目の一部である。じっさい眼鏡の常用者は、それがすでにあまりにもからだの一部になってしまっているのでそれをかけていることをふつうまったく意識しない。しかし眼鏡は同時にとりはずしも自由であるから、私たちのからだの器官としての目とはやはり違う。目は鼻や耳とおなじく、とりはずすことはできないからである。こう考えれば、眼鏡はからだの一部ではないという意味で机や電気スタンドに似ているが、同時にそれは目の一種の肉体的延長であるという意味でそれらのものとは本質的に異なっていることがわかる。戸井田は書いている。

机や電気スタンドを置き忘れるということはない。それによって私の空間が構成されているからだ。そして目や鼻もまた置き忘れることはない。からだの一部としてつねに私自身とともに在るからだ。このことからいって、眼鏡を置き忘れるのは、置き忘れないものとしての両極の中間にゆれているからにちがいない。両極とは、家具調度という生きる空間の構成要素とその反対極にある肉体の部分としての器官である。要するに目玉を机の上に置き忘れる心配をする必要はないから、それの付属である眼鏡を、つい目のように扱って心配せずに机の上に置き忘れてしまうのである。……身体をからだと別のものだとすれば眼鏡とからだとのつながりは身体的なものだといえるのかもしれない。目と眼鏡との関係は、からだと身体の関係を示唆しているらしいのである。

（「置き忘れる眼鏡」〔「忘れの構造」所収〕『本1　こころ』二〇七〜二〇八頁、改行省略）

眼鏡を置き忘れるというごく日常的な行為を思考の起点にしながら、ここで戸井田はきわめて重要な指摘を行っている。すなわち彼は、「からだ」という物理的存在のまわりに立ち現われる「身体」というもう一つのテリトリーを、眼鏡というものの特殊な存在様態によって直感しようとしているのだ。それはいわば自己内部でもあり、同時に外部でもありうるようなあいまいな領域に出現する感覚の瞬間的な交差の体験でもある。視覚的・空間的に把握していた物理的世界が、触覚的ともいうべきより原初的な感覚の蘇生体験とそこで一瞬触れ合うのである。墨をふくませた筆によって書くという行為も、紙に接触する筆の穂の微細な感覚や、力のぬきさしの加減、運筆の速度などを自由にあやつることを覚えたとき、私たちに肉体的な「手」の先にひろがったもう一つのより身体的な〈手〉の領域の存在を感知させる行為となる。漢字の草書からひらがなが生まれ、それを連続して流れるように書く「触覚の知」がなければ『源氏物語』のような作品は生まれなかっただろう、としながら、戸井田は『源氏物語』が毛筆の押さえたり浮かしたり、伸ばしたり止めたりする呼吸に支えられた流麗なひらがなの書き心地を実感できた者によってのみ書かれえた作品として、「文体という身体」をあらわしている、と述べてもいる（「内と外の間の漠然とした領域」〔「忘れの構造」所収〕『本1　こころ』二一二頁）。

＊＊＊

こうした「身体」という現象学的な領域の発見は、自己のからだを凝視しながら続けられた戸井田の哲学的営為の視界をさらに極限近くにまで押しひろげていった。草書の筆、乗っているときの自転車、泳いでいるときのプールの水、といったさまざまなからだの「身体」的延長のなかに、人間の多様な文化的記憶が刻み込まれていることの発見は、ちょうどグレゴリー・ベイトソンによる認識論的冒険——すなわち精神と自然とのサイバネティックなつながりを木こりと斧と木という三者の連続的な感覚のなかに読みとった発見（Gregory Bateson, "Form, Substance, and Difference", in *Steps to an Ecology of Mind*, San Francisco: Chandler Pub. Co., 1972〔グレゴリー・ベイトソン「形式、実体、差異」『精神の生態学へ（下）』佐藤良明訳、岩波文庫、二〇二三年〕）——にほとんど匹敵するものであった。そしてベイトソンが最終的に、彼が「プレローマ」と呼ぶ純粋に物理学的な「自然」の世界を、差異の認識による「クレアトゥーラ」という人間的な精神の世界に架橋するという未曾有の思考実験に乗りだしたのとおなじように、戸井田もまた、生理としての「からだ」そのものを対象にして、その根底へと思考の最後のメスを差し入れることになった。

戸井田道三が自己の病弱なからだへの凝視を続けることによって到達した思索の地平では、存在と意識との関係は奇妙に転倒した姿をみせていた。「カラダがおぼえる」（『忘れの構造』所収）という文章で、戸井田道三はデカルトの「われ思う、ゆえにわれあり」という言葉を引いて、これは「思う」ことと「思うことの自覚」とが思うことのなかで飛躍しながら連続することをデカルトが表現したのだと考える。従来の哲学は、すべてこのデカルト的な、意識の自覚を存在とむすびつける、いわば「在る」の思考から出発していた。しかし戸井田が晩年に到達しかけていたのは、ちょうど転倒したデカルト主義ともいうべき、「ない」ということから出発する思考法だった。「ない」というのはしかし存在／非在という二分法における非在ではなく、意識と存在が分化する以前のテリトリーにたつことで、思考の言葉によってはその存在を認識することのできない領域（すなわち「ない」という世界）に探りを入れてゆくための方法を意味していたのである。本来、「言語」という分節化された世界の産物によっては決して近寄ることのできなかった純粋な物理的世界としての「からだ」について、戸井田はおそろしいほどの洞察を込めてこう書いている。

カラダは私の宇宙のブラック・ホールかもしれない。ブラック・ホールは光より速い速度で万物をひきよせているから見えないのだそうだ。言葉以上の速さで思考が突入する地点、それがカラダであり、思考の言葉にとってそれはナイ、というほかない。

（「カラダがおぼえる」〔「忘れの構造」所収〕『本1　こころ』二一六頁）

自己のからだを、思考の言葉、すなわち言語的ロジックが吸い込まれてゆくブラック・ホールのようなものであると直感する戸井田の意識には、彼が「穴」を見るときの不思議なまなざしが投影されていた。『食べることの思想』に収められた「貝の中」という文章で、彼は穴を見るためには穴をかたちづくる外を同時に見なければならないが、穴の内実は空でなければ穴ではありえない、と書いている。ここで彼がいいたかったのは、だから穴というものは人間が存在になげかけるまったく別のまなざしをあらわしているのだ、ということである。戸井田が子供時代にあずけられた埼玉の伯父の家の土間には、地下深く掘った穴があり、ときどきそこに貯蔵されてあった野菜などをとりに伯父が手燭をもってその穴蔵に降りてゆくのを、彼は不思議な気持ちで上から覗いていたことがあった。その記憶は彼のなかにずっと尾をひいており、あるとき調査に行った西都原（さいとばる）の古墳の縦穴の闇のなかから出て入り口の蓋を閉じているとき、不意に穴蔵に降りてゆくあのなつかしい伯父の背中が彼の脳裏に蘇ってきて彼は不思議な感覚に打たれる。戸井田は、このようなときに別のまなざしによって別種の「時間」が体験されているのだ、と考えた。「歴史」という時間を言葉によって記録された資料から見出される事実の因果関係のみによって分析してゆく因習的な歴史学のアプローチを厳しく批判していた彼は、言葉よりも速く時間を飲み込んでゆく穴のようなかたちで、もう一つの「歴史」がひそやかに人間の生を繋いでいたことをこうして確信していったのだった。

落語論『まんじゅうこわい』（一九八三年）の最後で戸井田が特別の関心を示しながら紹介する「穴」にかかわる不条理な落語「あたま山」を、彼が要約したままのかたちでここに書き写してみよう。

ごくけちんぼうな人がさくらんぼうを食べておりまして種をもったいないといっしょに食べてしまいました。この種がおなかの中でもって、体内のあたたかみで、育ってしまい、種から芽が出て、だんだんこれが成長しますと、頭をつきぬけて立派な木の幹になって、枝をひろげて、春になりますと、みごとな桜の花が咲きはじめました。

「だんなさん、いかがでございます。あたま山の評判をおききンなりましたか。一本の桜の木でございますが、それはみごとでございますよ。ええ、とんと祇園の夜桜もおなじことで、え、どうです、出かけようじゃございませんか」ってんで、多勢くりこんで来てどんちゃんさわぎ。酔っぱらってけんかをはじめるやつもおります。うるさくってしょうがない。

こんな木があるからいけないんだって、えいッとひっこぬいてしまいますと、根がはっていたので頭のまんなかに大きな穴が出来ました。用足しに行きますと、夕立にあいまして、その穴に雨水がいっぱいたまったんですが、けちですからこの水をすてません。そのまま保存しておくと、こんどはボウフラがわく、鮒がわく、鯉がわくで、朝から晩まで子どもがつりに来て、わめいたり、よろこんだり、泣いたり、うるさいことです。これが帰ってしまって、やれやれと思うと、夜になって船なんぞをこいで来るのがおります。「とりかじにしてくんなよ、おっとそう船ェまわしちゃいけないよ」なんていって投網をうったりしておりま す。

「なにがとれたい」

「わらじがとれた」

「冗談じゃねえぜ」

「あッはッはッはッ、こいつァ大笑いだ」

夜までこんな調子で……。こう、うるさくちゃとてもたまりません。やりきれない、と自分の頭の池へ身を投げました。

（「まんじゅうこわい」『本4　まなざし』二九八〜二九九頁）

この話を、戸井田はまだ幼い六歳の時に、ある見知らぬ老人から聞く。老人は彼に

「自分の頭の上にある池へ身投げするにはこうすればいいんだよ」と言って、きれで作った釣り竿の袋から竿をひき出し、その袋のてっぺんに竿をあてがって徐々にしごいていく。見ているうちに、長い袋はてっぺんからなかへくい込んでいってみごとに裏返しになったのだった。「ごらん、こうして池のふちからずるずるとずれ込んでいけば、自分の頭の池へ身投げできるのさ」と言って笑った老人に強い印象を受けた戸井田は、「穴」をめぐる彼の無意識の探求をこのとき開始したのだ、といっていいかもしれない。

内部と外部、存在と非在のあわいでゆれる「穴」は、こうして戸井田的経験の核心を構成する特別の象徴となって、彼の思索を「存在」の哲学からの離脱への道にいざなっていった。論理的思考のスピードを乗りこえ、言語にさきがけて「からだ」というブラック・ホールに到達し、その穴から自己の肉体をすべり込ませることによって通常の時間を超越すること……。その先に、彼は肉体の消滅の果てにたどり着く未発の幼児的肢体の流動的身体世界を透視していたのかもしれない。もしそうだとすれば、それは近づいてくる死を前にした戸井田道三の、きわめて神秘的な「肉体」の復活のヴィジョンだったのかもしれない。

3 乳色の始原へ
——母を思うこと

戸井田道三の文章は、読めば読むほど不思議な文章である。けっして難解なのではない。文体への過剰な陶酔もない。だが、こまやかな日常語の世界をけっして超えることなく、抽象的な表現をできるかぎりさけて平明に語られるその簡潔な文章のなかに、不意に得体のしれない深淵があらわれる。言葉を静かに拒絶するような、イメージの飛躍と遊戯の世界がたちあがる。そこには無垢の少年の謎めいた沈思と、知者の老人のいたずらっぽい微笑とが同居している。親しい言葉の採用と、明晰な論理の展開の涯てで、その文章は言語の不可思議な消失点に吸い込まれてゆくかのように、ヴェールのかかった認識の淵をのぞきこもうと身がまえるのだ。

そんな人間の思考のほの暗い深淵は、たとえば夕餉の準備に蛤をそのまま火にかけて、ぱっくりと蓋をあけた蛤の身がじゅくじゅくと貝殻のなかで煮えている様子をながめているような日常的視線によって、するどくとらえられたりする。戸井田にとって、貝は内部と外部の不思議な混合体であった。殻という明確で固い外形の内側にゆるい身を抱き、熱されることによって蓋をあけた貝はその内部を開示する。その身を食用としたあとにふたたび貝殻を合わせ閉じると、こんどはその内部にぽっかりと空無の闇が現出する。生物体としても、また食物としてみた場合でも、貝の内実はあの不定形の流動体としての「身」であったはずだが、しかし外から見られた貝とはうたがいの余地なく扇形の輪郭をもつ「殻」のことでもある。だが貝という存在の成立にとってもっとも本質的なのは、もしかしたら身でも殻でもなく、殻の内側に秘められた身を抱く空間としての不可視の深淵そのものなのではないか。この二枚の蓋にはさまれたほの暗い小さな窪んだ空間のなかに、貝が貝であるための秘密が隠されている……。戸井田はそんなふうに考えたのである。

昔話の「蛤女房」の話はこの点で興味深い。昔ある独り者の男のところへ美しい嫁がどこからかやって来る。それまで特別に好きでもなかった味噌汁の味が、嫁が来てからはたいへん美味くなる。不思議に思った男が仕事に行くふりをしてものかげから嫁の様子を覗いていると、嫁はすり鉢を出して味噌をすったあと、その上にまたがって小便をした。男はそれを見て大いに怒り、ただちに嫁を追い出してしまった。嫁は巨大な蛤になって、もくりもくりと家を這い出ていった。

蛤のかたちと女体の一部の外形の類似にひっかけた、艶笑をさそう小話のようなつもりでこの話をやりすごすことはできない。味噌汁の味を出す蛤が女性の陰部であり、同時に女の身体が一つの蛤でもあったという不思議な変身譚は、貝という、内部と外部とをそれ自身に包みこむ構造をもった存在によってしか、語りえないからである。

この話から戸井田がただちに連想するのは、『古事記』において、鼻や口や尻から食物を取り出すオホゲツヒメを見て不浄だからとこれを殺したスサノオの物語である。死んだオホゲツヒメの目には稲が、耳には粟が、鼻には小豆が、陰(ホト)には麦が、そして尻には大豆が生(な)っていた。身体の穴という穴から、米・粟・小豆・麦・大豆といったそれぞれ一つの生命体として独立した穀粒が生み落とされたというこの話は、この世に「生まれ出る」ということの神秘を説明しているのではないか、と戸井田は考える。穴という深淵の空間から、すなわち内部から外部へと生(な)り出ることによって、生命は生命として成立する。そしてその生命は、内部と外部をともに懐胎し、部分と全体とを包摂するという特徴をもつことによって、「ある」という存在の次元と、「なる」という生成の次元をともにかかえこむことができる。たしかに「ある」ことと「なる」ことは通常人間の認識の構造のなかで別々に説明されており、そのはざまには一種の断絶が口をあけている。しかし穴というような特異な空間を媒介としてその認識の断絶が繋がれようとするとき、私たちははじめてその不可思議な認識の淵について知ることになるのだ。人間存在の始原に横たわる深淵と、それについて考える思考の臨界点としての認識の暗黒とを、穀粒や貝をめぐる人間の神話的想像力のなかに透視しながら、戸井田はつぎのように書いている。

料理されるため身をはがされてしまった大きな蛤は、内側に金泥や綺麗な色で目もあざやかな絵をえがかれ、王朝の貝合わせの貝に変身する。かつて中に身を抱いていた双貝は、肉身のかわりにぴたりと相あった瞬間にからの内部に美しい絵模様の夢を抱くのである。外部からはうかがい知れぬ夢である。だから、それは他界に金色燦然たる世界を描かせると同時に晦暗なる闇をも感じさせる。つまり貝合わせの貝たちはそれぞれ貝の中にこもるように また米や麦がモミの中にこもるように貝桶の中にじっとしている。それが意識されない思考の構造なのである。

（「貝の中」〔「食べることの思想」所収〕『本1　こころ』三九〇〜三九一頁）

これはじつに戸井田的な、不思議な文章である。貝合わせの貝を夢想し、蛤女房に思いをはせ、『古事記』における穀物誕生の説話について想像しながら、戸井田はここであきらかに生命存在の始原の暗闇とそれについて考えるときの思考の深淵とを同時にのぞきこんでいる。いくらか謎めいて飛躍したような表現のなかに、かえって戸井田の視線が深淵の彼方へととどいていることへの自信さえうかがえる。しかも興味深いのは、ここで戸井田がまるで貝になったかのように思考していることである。貝殻がみずから内部に夢を抱き、始原の闇のなかでじっと息をひそめている不可視の構図を、戸井田は貝の心持ちの世界から、貝の身体を自ら感知しながら、描きだそうとしている。

ここで貝と戸井田は溶けあって一つになっているのだ。そしてまさにそこで予感されていることは、一つに溶けあう、ということの存在論的な意味についてである。一つに溶けあうということは、自分の身体を別の身体に入れるということでもあり、一つの思考を別の発想の鋳型に流し込むということでもあった。他者とのそうした不思議な同一化が実現したとき、人間は彼自身の存在の深淵とついに出遭う。だから戸井田にとっては、蛤も穀粒もけっしてなにかを説明するための「比喩」なのではなかった。それは思考の実体そのものであり、また彼のからだ自体でもあったからである。だからこそ、自分の身体や思考の隠された構造が、蛤や米粒という存在が内に抱く深淵によって呼び覚まされる瞬間に、戸井田は彼のもっとも高揚した哲学を展開することができたのである。

＊＊＊

戸井田の文章に顔をのぞかせるこうした存在の深淵の光景は、それが人間の誕生や死をめぐる文章であるとき、とりわけくっきりとそのほの黒い深みをきわだたせる。『生きることに◯×はない』（一九七八年）は、表面的には彼の少年時代を回想して子供向けに書かれた一種の自叙伝のかたちをもつ作品であるが、実際にはそれは、病弱な彼が意志的に生きるための力となったさまざまな「死」をめぐる体験を書きつづった、きわめて特異な著作である。

ここでも戸井田は、親や隣人の死という時系列上の経験の彼方に、あの人間存在の始原の淵を透視しようとしている。死によって開示される世界が、人間の生涯をまるで円環を描くようにして生誕の暗闇の世界へと結びつけることに、戸井田ははやくから気づいていた。その意味では、彼にとって死という問題はいつも生という問題の傍らに潜んでいたのである。

たとえば彼は、『生きることに○×はない』のなかで、自分の生まれたばかりの妹がある日自宅の玄関先の畳の上に寝かされていた光景を、不思議に鮮烈な思い出として描きだす。このときの印象はよほど強かったとみえて、彼は同じ体験を『食べることの思想』のなかでも繰り返すように語っている。ここでは後者から引いてみよう。

六歳であった私は、そとへ遊びにいっていた。うちへ帰ってみると、そこに赤児が寝かされていた。顔が小さく、くしゃくしゃして、変な生きものを見るような気味わるさだった。まわりには誰もいない。部屋に赤ん坊ただひとり寝かされて、すうすうかすかな呼吸をしている。これは妹だ、と私は直観的にわかった。おとなが誰もいない不気味さに、世界中でこの妹と二人きりになったような寂しさといとおしさを急に感じた。

（「おふくろの味」〔「食べることの思想」所収〕『本1　こころ』三四〇頁）

家人のいない家のなか、夕方の西日が射し込む座敷の畳の上にぽつんと放置されて静かな寝息をたてている嬰児の姿が鮮やかに浮かびあがってくる。赤子の顔はまだ生まれたばかりでくしゃくしゃの変な生きもののようであり、それはこの世の存在としての輪郭が曖昧なものとして、いまだ始原の流動性のなかになかば生きている。それでも戸井田は、赤子を自分の妹であると直観する。母親の長期間の不在が、少年戸井田の心のなかになにかを予感させていたのかもしれない。そして、この妹を生むために病院へ行ったまま、母が永遠に家に帰ってこなかったという記憶が、戸井田のなかに生と死の親縁性の感覚を植えつけた。胸を患っていた彼の母は、無理をしてこの妹を生んだためにまもなく死去するのだが、そうした道理をいまだに理解できない六歳の少年も、漠然とした母の死の予感とひきかえに、新しい生命が誕生したという事実を直観することはできた。「死」の記憶はここで、鮮烈な「誕生」の印象に姿を変えて戸井田の意識の深みに錨を降ろしたのである。

しかもこの生まれたての妹が座敷に横たわっている光景は、ただちに少年戸井田に、彼が四歳のときに見たある一つの「死」の光景を呼びさましてもいた。それは彼のもっとも古い記憶にかかわる光景の一つだった。ある乾燥した暑い夏の日、大森の海岸べりをたった一人で歩いていた彼は、海に女の水死体が浮かんでいるのを見つける。堤防の下に立っていた棒杭の一つに引っかかるようにして、うつ伏せになったその水死体は、赤い腰巻を波にひらひらさせながら漂っていた。さらに近くの道端には、乳飲み子がやはり腹ばいになって転がっていて、ぴくりとも動かないその子の片頬には、べったりときな粉のような土がついている。死ぬということがどういうことかまるでわからない四歳の幼児にも、この親子らしき母娘が「死んでいる」ことだけは、おぼろげに看取できたという。

家の座敷の上に寝かされていた誕生したばかりの妹の姿は、なぜか少年戸井田にこの水死体の風景の記憶をただちに喚起した。静謐なあたりの様子と、たった一人で人間の彼岸の風景と向き合っているという直感が、この二つの経験を結びつけたのかもしれない。だがいま目の前に横たわる赤子の妹は、波のあいだを漂うこともなく、頬にべったりと土をつけることもなく、白いほっぺたをわずかに動かしながらかすかな寝息をたてている。世界にたったいま参入したばかりという、この不思議な生きものの頬をちょっとつねれば、鼻のわきにしわを寄せてふにゃあふにゃあと誕生の闇の内奥から始原の泣き声をあげることだろう。泣きだした妹の口にゴムの乳首を含ませながら、戸井田は死の淵からやってきたような静かなこの生誕の光景に、強く動かされている自分を感じていたのだった。

＊＊＊

母とその死について回想するときの戸井田自身の文章が、死の記憶の彼方に始原の風景を垣間見ていたことを自ら語っている。戸井田にとって、母の死はきわめて異様なかたちで経験されている。いや、ただしく言えば、戸井田はその事実を自ら目撃することなく、また周囲からも直接知らされることなく、母の死をいつのまにかやりすごしてしまうという不思議な少年期の体験を持った。

六歳の戸井田は、肺を病みつつ新しい子供を出産しようと入院した母と相前後するようにして疫痢にかかり、母とは別の病院に入れられることになった。当時疫痢は子供にとって非常に重い病気であり、彼は何日か死線をさまよったあげく、ほとんど奇蹟的にこの世に生還する。一つの生と死の抗争のかたわらで、もう一つの生死の闘いが母の体内でくりひろげられていたことを、少年は知らなかった。治癒して家へ帰った戸井田は、奇妙にも家に母がいないことにそれほど不審をいだかなかった。それまでも長期の療養で家を空けることが多かった母は、すでに戸井田のなかで通常の母親の存在感とは異なった領域に属するようになっていたのかもしれない。まもなく、妹を生んだ母は病院で死去する。そのとき戸井田は付添いで彼の面倒を見ていた看護婦に連れられて銭湯にいたが、彼らを迎えに来た父は戸井田に母の死去を決して告げなかった。ただ、戸井田の当時四歳の弟をつれて、父は葬式のため故郷の埼玉に向かった。もちろんそのときの少年戸井田は、父の突然の外出の意味などわかるはずもなかった。母親の死は、こうして戸井田の意識の彼方を、彼の心に直接触れることなく、静かに通りすぎていったのである。このあたりのことを彼はつぎのように述懐している。

なきがらはうちへ運びこんできませんでした。誰もそのことをわたしには知らせなかったのでわたしは母が死んだことを当分のあいだ知らなかったようです。知らなかったようですなどと、たいへんあやふやな、ひとごとのようないいかたですが、そうとしかいいようがないのです。……とにかく、わたしは病弱の死にそこないの泣き虫のおかげで、母の死に直接衝撃をうけないよう保護されていたわけです。それでも周囲のようすから、時間がたつにつれて、おぼろげながら母は死んだのだと思うようになっていきました。いつ、どういうことで母は死んだのだと悟ったか、それをおぼえていないのは、われながら不可解ですが、事実そうなのです。ですから、当分のあいだは知らなかったようですとしかいいようがありません。

（『生きることに〇×はない』四三～四四頁。ルビ・改行省略）

これは奇妙な肉親の死の体験といわねばならない。おぼろげな予感のなかで静かにやりすごされてゆく母親の死……。しかもこのときの戸井田が、六歳という、記憶の定着にとって微妙な時期にいたことは重要である。彼の弟は父親に連れられて母の葬儀に参列し、位牌をもって墓地まで行列したと戸井田は書いているが、それは当時四歳だった弟が死を死として社会的に理解する以前の段階にあったためになされた選択だったのかもしれない。しかし六歳の少年にとって、死はすでにじゅうぶんすぎるほどのリアリティをもった事件であるはずだった。ちょうど大森海岸で水死体を見たあの夏の日の原初的な記憶から二年足らずのあいだに、戸井田のなかで「死」の観念はたしかな社会的骨格をそなえたものに変化しつつあったにちがいないからだ。だが一方で、自ら病弱な肉体との闘いのなかで死の淵をなんども垣間見てきた少年は、生死のあわいにたゆたいながら感じ、思考する原初的なリアリティ感覚を同時に維持しつづけてもいた。だからまさに、幼児的始原の闇から言語的秩序の世界へと半分頭をもたげながら、いまだに前言語的混沌を背後にひきずりつづけているこの微妙な六歳の年齢において母の死という事件が生じたことのなかに、彼の特異な体験を理解するための鍵はかくされているのである。

母の死を戸井田が無意識のうちにやり過ごしてしまったからといって、彼が母にたいして無関心だったというわけではけっしてない。いやむしろ逆に、母の存在とその記憶は、少年戸井田にとって彼自身の感情のもっとも基底部をかたちづくるものとして彼の意識の傍らにいつもあった。だから、その感情の芯の部分に刻み込まれた母のイメージのなかに誰かが侵入し、その水鏡に映っているような淡い母の像をかき乱そうとするとき、戸井田の混乱と失望はとくに深かった。そのことを示す挿話がある。

周囲の様子などから、なしくずしに、母は死んだらしいとうすぼんやり自分にいいきかせながら日々を送っていたある日、戸井田にとって衝撃的な悲しみを呼びさますことになる出来事が起こった。日本橋にあった彼の生家である呉服屋で、いとこの少女チイちゃんと遊んでいた戸井田は、どういう理由からか彼女にいじめられて泣きべそをかいてしまう。そのときの様子を、彼はつぎのように回想している。

　そのときも、なぜだかわすれましたが、わたしは泣きだしていました。泣くと習慣的に店の二階へあがってゆく癖があったとみえて、そのときも階段のほうへ泣きながらいくのでした。するとうしろから、

「二階にはもうミッちゃんの母ちゃんはいないわよ。死んじゃったんだもん」

と、言葉がおいかけてきました。

　それを聞くと、一瞬、わたしの心臓は凍るような痛みを感じ、ぴたっと泣き声がでなくなりました。階段に一歩足をかけましたが、二階へあがっても、そこには「チイちゃんがいじめた」といって泣きつく母がいないことにはじめて気がついたのです。母がいない、二階にいるべき母がいない、と、母の死の悲しみがどっとおしよせて、わたしは階段の一番下の段に腰かけ顔をおおって泣きはじめました。……

　チイちゃんは、なんの気なしにいったのでしょう。……しかし、わたしが六十八年の長い歳月のあいだで一番つらかった言葉は、この言葉です。その後ずいぶん悲しいこと、つらいことはありましたが、この言葉

ほどわたしに深い傷をおわせた言葉はありませんでした。

（同書、四六〜四七頁。ルビ省略）

漠然と納得していた母の死を絶対に動かぬ事実として承認することを迫った、このいとこの少女の悪意のない言葉は、戸井田の心に癒されない傷を負わせることになった。それはまた、彼の原初の意識に刻み込まれた聖痕でもあった。大胆にいえば、戸井田はこの母を失った欠落感の地点から、はじめて思想家としての思考を出発させていったのだともいえる。母という存在を自身の身体からいまだ完全に分離させる以前の、始原の流動的な一体感のなかになかば浸りながら母を感じていた戸井田は、そのままあるとき、一方的に母との融合を断ち切られた。そうだとすれば、このときの欠落感とは、母という愛する他者の不在に由来する理性的なものではなく、むしろ自分自身の身体を包摂していたなにかを失ったときの内在的な欠落の感覚であったにちがいない。肉親の死を物理的・精神的欠落として悼むのが社会化され言語化された悲しみだとすれば、戸井田の悲しみは前社会的であり前言語的であったという意味で、より肉体的な悲しみだったといえる。

母という存在が、戸井田のなかで、彼の肉体的始原にある混沌と接続されて意識されていたことは、彼のもっとも古い記憶のなかに母の姿が登場することからもわかる。人間の記憶と忘却のメカニズムに終始強い関心を寄せていた戸井田が、自分のもっとも古い記憶について書いたつぎの一文は、その意味でも読みすごすことのできない重要性をもっている。

格子に西陽（にしび）があたってたたみの上に縞（しま）ができていた。それが私の一番古い記憶である。たぶん四歳か五歳のころだったろう。そばで母が針仕事をしていた。西陽があたっていたのだから暗いはずはないのだが、私の記憶の中にある図はぼんやりと暗い。壁やけんどんの戸が黒ずんでいたせいかもしれない。

（「きものの思想」『本2　かたち』五頁）

ここで母は、始原の薄暗闇のなかにいて戸井田の記憶が生まれかける先端を静かに握っている。店の二階の格子が縞のようにほの暗く畳に影をおとしている部屋で、母と息子は、たがいが自己の一部であり全部でもあるような内在的で連続した意識の海のなかを泳ぎわたるイルカの母子に似た姿として描かれている。つまり戸井田は、病弱な少年のいまだ覚醒途上の意識のまどろみのなかで起こった母の喪失という事実を、母の原初的記憶の喚起によって埋めあわせながら、思考の対象としての「母」をあらたに創造するという途に、あるとき歩み出したのにちがいなかった。母の死によって、人間存在の深淵へとつながる始原の時空間のなかに聖痕を刻み込まれた戸井田の身体は、その内在的欠如の感覚を宿したまま、「生きる」ことの意味をめぐるエシックスの探求へと赴いたのだった。

その意味で、戸井田の思考が発する「身体の現在」には、始原の闇からひきずる身体の過去の記憶が、象眼細工のように嵌め込まれていた。フランスの哲学者モーリス・メルロー=ポンティが彼の現象学の核心の概念の一つである〈世界-内-存在〉の身体についてつぎのように書くとき、それは戸井田の思考がよって立つ身体意識をただしく言いあてているように思われる。

身体は、必然に〈ここに〉在ると同時に、また必然に〈いま〉存在するものだ。身体はけっして〈過去〉となることはできないのであって、われわれが健康状態にあっては病気についての活き活きとした追憶を保持することができず、また成人してからはもう幼少時の自分の身体についての追憶を保持することができないとすれば、このような〈記憶作用の欠損〉なるものも、ただわれわれの身体の〔必然に〕具えている時間的構造をあらわしているにすぎない。運動の各瞬間にあって、先行瞬間はすっかり忘失されてしまうのではなく、かえって現在のなかにいわば嵌め込まれてあるのであり、現在の知覚とは、要するに、たがいに含み合う一連の過去の諸位置を、現在の位置に支えられて再把握するところに成立するものである。(M・メルロー=ポンティ『知覚の現象学 1』竹内芳郎・小木貞孝訳、みすず書房、一九六七年〔原著一九四五年〕、二三六頁)

現在の身体が、その身体的忘却(戸井田が晩年に『忘れの構造』において展開させることになる概念)をつうじて胚胎することになる過去の時空間の重層的な混合体でもあることを、ここでメルロー=ポンティは示唆している。メルロー=ポンティは〈内世界的存在〉(être dans le monde)という概念と〈世界-内-存在〉(être au monde)という概念を峻別し、前者が数学的な均質の時空間にものが外圧的に存在している状態であるとすれば、身体はまさに後者の〈世界-内-存在〉、すなわち時間と空間をそれ自身包み込みながら広がる内在的な存在のありかたとして成立していると考えた。だから身体の指向性は、つねに死へと時間が前進しながらも、いまという瞬間が始原へ遡行する連続性を維持しているというその内実によって保証されているのだった（この点については、世阿弥の概念である〈序破急〉にかかわらせながら戸井田が刺戟的に論じている。この問題は5章で詳しく触れる）。メルロー＝ポンティはさらにこう述べている。「われわれの身体が空間のなかにあるとか、時間のなかにあるとかと、表現してはならない。われわれの身体は、空間や時間に住み込むのである。……私は空間と時間とにぞくしているのであり、私の身体はそれらに貼りつき、それらを包摂している。そしてこの包摂の広さが私の実存の広さの尺度となる」（同書、二三五～二三六頁）。

戸井田の身体も、存在の淵を覗き見るあの小部屋に住み込んでいたのかもしれない。西日があたって薄暗闇の部屋の畳に格子状の縞模様が走る光景は、戸井田の身体のなかで原初の記憶の層を誘いだす光景として、母親への幼児的依存の場に、妹の生誕の場に、そしておそらくは一度だけ訪ねた母の病室といった場に繰りかえしあらわれた。だから、彼の意識と身体は、つねにあの西日の射すほの暗い始原の時空間を包み込んで、現在を生きていたのである。

　母の死の直前に誕生し畳にぽつんと寝かされていた戸井田の下の妹は、四十八歳で胃癌のために早世するが、死期が近くなったある日見舞いにいった戸井田は、小さく平べったくなってベッドに横たわる妹の口に、看護婦がスプーンで牛乳を流し込んでいる光景を目撃する。寝返りすらうてないほど衰弱した妹は、それでも一生懸命牛乳を飲み下そうと唇をひらく。

「ああ、お上手、お上手。」看護婦は赤ん坊をあやすような調子で讃めながら、間をとってスプーンの牛乳を四杯飲ませた。つづいて五杯目を口の端へ持っていったとき、妹は飲むために唇をひらいた、すると牛乳がだらだらと流れ出て来た。胃の方へおりないために逆流してくるのだった。看護婦は快活な声をあげて機嫌よく笑った。

「あーら、赤ちゃんのようネ」

私はガーゼで妹の口から洩れた乳をふきながら母親の乳を想像した。そして四十八年前の、ゴムの乳首をふくませて、いささかの満足を味わったあの日のことを思い出していた。

あのとき、私もやはりおふくろの味を恋しがっていたのだと知り、と同時に末期の母の姿を限りなく悲しんだ。

（「おふくろの味」〔「食べることの思想」所収〕『本1　こころ』三四一頁）

母親の死とひきかえに誕生してきたような妹の口にはじめてゴムの乳首を含ませてやった記憶が、いま死の床につく彼女の唇からこぼれる乳色の奔流のイメージに結びつき、それがふたたび戸井田の意識に母の淡い姿をよみがえらせる——。ここには乳色に彩られた記憶と感触の連鎖がある。忘却のかなたから身体に喚起される誕生の記憶の薄暗闇と、死が彼に開示する存在の深淵の風景とが、乳色の環のようにしてつながっていることを、このとき戸井田は不思議な直感によって確信していたのである。

＊＊＊

戸井田道三は、だれよりも鋭いまなざしをもって、いつも人間存在の深淵を見つめていた。そのほの暗い認識の淵は、始原でもあり終末でもあることによって、通常の時空間から離脱した場所であった。能狂言、演技、しぐさ、民俗、色、衣食住といった彼が考えつづけたあらゆるテーマ群は、すべて、誕生から死へといたる人間の生存の裂け目に透視された始原の淵のなかに、「歴史」や「言語」というシステムが発生する瞬間を探りあて、そこからふたたび、あの名づけえぬ存在の深淵へと思考の錘をたらしてゆこうとする未曾有の冒険が行われるフィールドだった。

始原との連続性の感覚のなかで展開された戸井田の思考は、だからそのことによって、独特の倫理学（エシックス）として構想されることにもなった。生と死が、人間の通時的な生存の最初と最後を画す特異点ではなく、あらゆる生の瞬間に私たちの意識と身体に内包されながらたちあらわれる人間存在の原初的な条件のようなものであるとすれば、生と死は対立する概念であることをやめて新たな地平に置きなおされるはずだ。

　すでに述べたように、『生きることに○×はない』は、自分自身の周囲に生じた「死」の記憶を克明にたどることをつうじて、生きることの意味をもういちど考えようとする特異な試みだった。自ら何回も死すれすれの病から生還した経験をもつ戸井田にとって、死はそれを裏打ちにして生のバランスをとるための対立概念ではけっしてなかった。死という生命の終息点をあらかじめ措定して、そこにいたるまでの生をできるかぎり充実したものにしようというような「生きがい」の倫理は、戸井田にとってひどく傲慢にさえ思われた。立派に生きるのでも、豊かに生きるのでもない、ただ「死なないために生きる」というもっとも消極的に見える生のあり方のなかに、むしろ生死の観念的な対立関係をのり超えて人間の生存の神秘と向かい合う技法が隠されているのではないかと戸井田は考えていたのである。

　こうした認識のなかでは、「生きる」ということのもう一つの意味が浮上してくることになる。それは生と死を秤にかけながら人生の積極的な意味を見出してゆこうというような地平をはるかに超えて、誕生や死をも包摂する生の深淵と出会うことで私たちの生の内実を測ろうとするあたらしいエシックスである。あの不可視の、名づけえぬ人間存在の深淵に意識の錘をたらしてゆき、その錘の長さと振幅とを微細な身体感覚によって計測しながら、「生きている」ことの内実を直観してゆくようなもう一つの生のあり方……。

しかもそれは、戸井田にとって、もう一つの「知識」の獲得の方法でもあった。近代科学がよってたつ言語的・体系的知識の背後に、科学が「不可思議」としてその論理の世界から放擲してしまった無数の非正統的知識の森が繁茂していることを、戸井田は確信していた。すなわち、人生が誕生でもあり死でもあるような深淵を抱え込んで生きることであるとするなら、知識もまたその思考の始原に広がる混沌の闇を懐胎しているはずであると、彼は直観したのだった。そうだとすれば、乳色に彩られた母の記憶が人間存在の淵を彼にもっともあざやかに指し示したように、思考の始原との接触の経験が知識をそのもっとも高揚した場へ連れ出すことができるはずだ。

戸井田の存在論をめぐるエシックスは、こうして認識論・科学論にかかわる新たな展望の地平へと自然に押し出されてゆくことになったのである。

ニーチェは『善悪の彼岸』（一八八六年）でつぎのような箴言を書きとめていた。

怪物とたたかう者は、みずからも怪物とならぬようにこころせよ。なんじがひさしく深淵を見入るとき、深淵もまたなんじを見入るのである。

（ニーチェ『善悪の彼岸』竹山道雄訳、新潮文庫、一九五四年、一一二頁）

存在の深淵を覗き込むことは、大きな危険をも抱えている。論理の言葉では理解不能な闇にうごめく怪物に直面しているという予感は、同時にその怪物がいつ私たち自身を襲ってくるかわからないという不安でもある。存在の始原にぽっかりと口を開ける穴をつうじて、私たちと怪物は容易に入れ代わり、浸透し合い、ついには一体化してしまうことが可能だからだ。言葉によってそうした深淵を記述する行為も、だから同じ困難を抱え込んでいる。それは論理と直観との、あやうい平衡のうえに成り立っている。ゆらめく暗黒の淵は論理の言葉を飲み込もうとし、ちょっと油断を見せれば私たちを安直なノスタルジーと快楽の自己増殖する世界へと連れ去ってゆく。

だがそうした危険をおかしながらも、ねばりづよい思考の力をもって存在の深淵に見入ることが、一つの独創的な思想的営為となりうることを、戸井田道三の仕事が教えている。記憶の源をたどることによって、誕生と死が、始まりと終わりの瞬間が接続される地平に降りたち、そのほの暗い闇のなかからいままさに生成しようとする認識の初発の光線のゆくえにじっと目を凝らすこと。呉服屋の二階の小部屋の薄暗闇に射し込む淡い光線がつくり出す格子状の縞模様でもいい、あるいは西日のあたる夏の夕暮れの座敷に放置された嬰児がかすかにたてる寝息の音でもいい、そうした、私たちの現実世界に洩れ出る深淵からの曙光をかぎりなくいつくしむことをつうじて、戸井田はもっとも本質的な倫理学が、もっとも強靱な哲学とたしかに結ばれていることを、私たちに生き生きと示したのである。

健康が小康状態を保っていた一九七〇年代前半、戸井田はしばしば東北や沖縄の旅に赴いている。それらの旅は、彼自身の頭脳のなかでの深淵との格闘からいったんはなれ、現実の風景のなかに存在の深淵を呼び覚ます兆候を探ろうとした戸井田の思考のもう一つの方法でもあった。だから彼の風景観察は、独特の形而上学的性格をも示していた。下北、恐山への旅の途上、鉄道で夏の陸奥（むつ）湾がキラキラと眼前にひろがる砂浜を走っていたとき、戸井田はその清潔な浜に青いポリバケツの残骸や赤いプラスティックのザルの破片などが散乱しているのを見る。それらはしかしゴミ捨て場のような不潔な印象がなく、ポリバケツもザルも砂に磨かれて鮮やかな色に輝き、まるで海浜に散りばめられた装飾のように見えたという。それはきれいだが冷酷で、生命の生存を拒むような奇妙に無機的な風景だった。『菅江真澄遊覧記』が伝える天明の飢饉にあえぐこの土地の惨状を脳裏に浮かべながら、戸井田はその心が凍りつくような海岸の光景に、生命と地球の黙示録的な終焉のイメージを透かし見ていたのだった。

恐山の大祭を訪ねたあと宇曾利湖にやってきた戸井田は、この湖の水の深淵にふたたびあの海岸の終焉の風景を重ねあわせる。

宇曾利湖の湖面が暗くなって、大祭の騒ぎも少し静かに遠のいた感があった。なんの連絡もなしに、またしてもポリバケツの破片がちらばった海岸の風景が浮かんでいた。

……今、ポリバケツの破片のちらばった海岸の風景が、なんの脈絡もなく宇曾利湖と結合して出てくるのは、私が生以前をどこかに記憶していて、それが死と無意識にむすびついて出てくるのではないか。その無意識の作用が、方向性をもっており、私にこの湖面の暗さの奥をたしかめるべく記憶のみなもとへとさかのぼらせるのであろう。

母親たちがここに来て、亡くなった子の名をよぶのも無意識の約束ごとが心の奥から彼女らをつき動かすのであろう。心の奥のその底には宇曾利湖の不透明な緑の水がたたえられている。

（「あとの祭り」『本4　まなざし』四〇一〜四〇二頁）

暗い湖の光景に投影された始原の淵は、ここでも戸井田に、生誕と死が記憶以前の身体意識において重なる地点をはっきりと指し示していた。そこには死にゆく母たちがおり、生まれだす子供たちがいた。早世する母を悼む少年たちもいれば、子供の死を嘆く母の魂もあった。峰々にかこまれて暗く緑に濁る湖面を凝視しながら、戸井田は彼なりに、そこで「母」という乳色の始原の発見にむけての思考の旅をつづけていたのである。

4 思考のヘルマフロディーテ
――性を超えること

柳田國男が一九四〇（昭和十五）年に刊行した『妹の力』は、日本の民間信仰をめぐる彼自身の広範な研究の成果にもとづいて、女性の霊的能力の優越性にたいする信仰が宗教儀礼や民俗一般に大きな影響をおよぼしていたことをはじめて明確に論じた画期的な書物であると考えられている。柳田は、神に仕え、その意を人間に伝えることによって神の領域と人間の領域を媒介する「巫女」のさまざまな形態や系譜を古代信仰や当時の民俗社会のなかに探りながら、霊力をうしろだてにした女性が歴史の蔭で果たしてきた重要な役割を積極的に評価しようとした。しかも柳田は、そうした古来の「妹の力」を日常の所作や生活の知恵のなかにほそぼそと伝承してきた民間の女性が、いまやその精神の波動を回復すべきときにいることを力説して、「婦人教育」といった近代の社会理念が民俗の伝承過程への理解を欠いた悪しき制度であることを暗に批判したのだった。そうした柳田の考えは、『妹の力』の序文にすっきりとわかりやすく述べられている。

この一巻の書が証明せんとしているごとく、過去の精神文化のあらゆる部面にわたって、日本の女性は実によく働いている。あるいは無意識にであったかも知れぬが、時あって指導をさえしている。これが一朝専業化の傾向を示して来たために、その特色は家庭の外に追いやられて、次第に軽しめられる者の列に入ってしまい、一度も試みられたことのない可能性が、今はまだ多くの柔かなる胸の裡(うち)に睡(ねむ)っているかと思われる。この隠れたる昔を尋ね出し、それを新しい社会の力とするためには、ただ忍耐して多くの書籍を読んだり暗記したりしていただけでは足りない。暗示はむしろ日常の人生の中にあるということを、実は私などもほんの偶然に心づいたのである。……妻となり母となってから後も、なお弘く人間の幸福に向って、力を竭そうとする女性は多くなっている。名もない昔の民間の婦人たちが、しばしば備えていたという「さかしさ」と「けだかさ」、それを取り返すこともほんの今一歩である。いかなる無に活きても私が失望しないのは、そういう時代のやがて到来すべきことを信ずるからである。

（柳田國男「妹の力」『柳田國男全集11』ちくま文庫、一九九八年、一三～一四頁）

柳田の著作の序文がいつも暗示しているように、ここでも彼は自分の民俗学がきりひらく方向が、近代日本が合理的進歩のイデオロギーと肩を組みながらつき従う制度的なメンタリティーに対する批判作業につながっていることを示唆している。その点では、大正期に進んだ女性の社会進出といった出来事にたいしても、柳田の評価は厳しかった。和泉式部にはじまりゴゼや歌比丘尼あるいは白拍子といった、説話や歌舞を伝承・管理しそれらを全国各地へと持ち歩き伝えていった女性たちの役割を説いた重要な著作『女性と民間伝承』（一九三二年）においても、柳田は当代の新興宗教の女性教祖の擡頭なども念頭におきつつ、「多数の婦女の意識せぬ頭脳の中には、昔ながらの波動をする繊維があるのに、血液の清さ心の健やかさにおいてはこれよりもはるかに優れた若干だけが、どこの国の人でもないような事を考えている。そうして逆に男を真似た学問に没頭して、どうしたら真似方が完成するかのみを考えている。社会にもっていた強い力を抽象的に説明して、実はこれを他のけちなる力と取り替えようとしている」（柳田國男「女性と民間伝承」『柳田國男全集 10』ちくま文庫、一九九〇年、五八三頁）と書いて、女性が伝承してきた固有文化の、「教育」の名のもとの近代的衰退を嘆いたのだった。

柳田が「妹の力」というとき、だからそこには二つの学問的意図が隠されていたといえる。一つはいうまでもなく宗教権能者としての巫女によって代表される固有の霊力を女性の伝承する文化の基礎に置くことで、日本民俗の深層を支える一つの豊かな信仰の相を明かるみに出すということである。そしてもう一つは、女性がその身体に伝えてきた固有文化の力を、近代批判や文献主義的歴史学の批判への大きな手がかりとして再評価するという点である。『妹の力』はこの二点においてきわだって先駆的だった。だがまさにそのことによって、柳田以後の日本民俗学における「女性」の問題は、男（＝公共領域）と女（＝家内）という性別分業の観念に立脚したいわゆる「近代家族」の枠組の外部において論じられることになった。近代社会の制度の中で生業を固定化された女性のあり方への本質的な再検討は、そこでは議論としては長いあいだ積み残されたままになったのである。

⁂

柳田の『妹の力』刊行から四十年余りの後、戸井田道三も、〈妹の力〉の副題を持った「自宅も現場」という短いがきわめて示唆的な文章を残している。そこで彼は、後半生をともに暮らした自分の実の妹が陶芸教室でこしらえた不思議な形をした砂糖壺を見て、その素朴だががっしりした安定感と破綻のない機能的な美しさに感嘆し、「女にはかなわないなァ」と呟くことによって、日本古来の「妹の力」への戸井田自身の信仰をほとんど直観的に認めている。さらにそうした実感の上にたって、戸井田は『きものの思想』(一九六八年)のむすびでつぎのように主張している。

ちかごろ女が男に負けないほど強くなった、などといわれる。しかし、女と男は勝負をしているのではない。だから、そのようなとらえかたはおかしいのである。また、そのような考えかたをうながす女性が多くなったのだとしたら、それは男女をふくめたわれわれにとって不幸なことである。女はけっしてほんとうに強くなったのではなくて、空疎な理論をふりまわす男に対抗して、やはり似たようなことを口ばしっているにすぎないのである。

（「きものの思想」『本2　かたち』一二六頁）

これを読むかぎり、戸井田は柳田の先駆的な仕事がもっていたメッセージを正しく継承しているように見える。女性が長いあいだ伝承してきた固有文化の豊かな身体性・情動性を男性的な論理の世界に譲り渡してしまうことは、戸井田にとって民俗の近代制度への不条理な同化現象であるように思われた。その点では、戸井田はたしかに柳田と同意見だった。しかし戸井田が右の文章につづけてつぎのように書くとき、私たちは「女性」という問題群に託された彼の意図が、柳田の意図とはあきらかに異なった方向性をもっていたことに気づく。

貫之という男性が「男もすなる日記といふものを、女もしてみむとてするなり」と『土佐日記』の冒頭にしるしている。女性の立場をかりてでなければ書けなかったのである。そういうゆきかたを、私は期待していないのだ。女性が肉体的だといわれるのは、彼女らが体験に密着しているからである。この特性はたんなる生理のちがいではない。言葉のつかいかたの相違が大きな原因をなしている。外国から輸入した概念に経験内容をあてはめてゆくのではなく、経験から思考を抽象してゆく女性の方法こそ、生活に理論を媒介することになるのではないだろうか。つよくならねばならないのは女性だけではなく人間なのだ。

（「きものの思想」同書、一三六頁）

ここで戸井田は抽象的な理論や概念に経験内容をあてはめてゆく男の認識のやり方ではなく、生きるという身体的・感情的な地点から思考を紡いでゆく女性の方法に注目している。しかも戸井田の思考が独創的なのは、男女の文化的固有性の問題を、言葉のつかいかたの違いというかたちで、言語の問題に投影させて考えている点にある。『きものの思想』という一見服飾文化史のようにも読める著作は、じつは襟とか袖とかいったきものの部位をめぐる語彙を、政治の世界に流通するような（「襟を正す」「袖にする」……）空疎な比喩表現の地平から解放し、女性の生活によって付与されてきた本来の内実をそれらの言葉に回復させようとする大胆な試みだったといえる。言葉はそこで、きものを着る私たちの日常の身体感覚、肌触りといった地平に引き戻された。いいかえれば、きものを着る女性にとってのきものの意味を論じる著作をつうじて、戸井田は女性の身体と感情を借りて生き、彼女らのことばによって思考することの可能性に賭けたのである。

その意味で、戸井田にとっての「女性」とは一つの性的・文化的実体である以上に、一つのあたらしい認識と叙述の「方法」としてあった。そして柳田の視点に欠落していたものの一つは、まさにこの点だった。柳田は女性についての議論を民俗現象の内部に基本的に限定することを通じてたしかに女性の霊力や民間伝承における女性の役割を深く探求することに成功した。しかし一方で男女の文化的固有性の相違をことさら強調して、近代的男女同権論を批判するだけの保守主義者であるという烙印をのちに押されてしまう結果ともなった。柳田にとっての男女の問題は、あくまで民俗学的・社会的な問題の内部に存在するものであって、それが認識論の領域にかかわるものであると意識されることはなかった。柳田には、「方法」としての女性という視点がなかったからである。しかし戸井田にとって、男女という問題は、まずなにより も認識の方法における二つの対立するモードであると考えられていた。そして戸井田は、男の科学的論理によって成り立っていた歴史叙述を女の方法によって自ら書き換えてみたいという途方もない野心をひそかに抱きつづけた。だからこそ戸井田の文章は、男性的論理と言語的存在論に導かれたロジックが、いつのまにか女性的身体性と前言語的始原への親縁性の感覚のなかに融合してゆくような、不思議な文体と認識方法の混合体として生まれでることになったのである。

方法としての「女性」を考えるための戸井田にとっての聖地は、沖縄だった。関東大震災のあと父親があたらしく建てた東京下落合の家の客間の地袋や納戸のふすまにはってあった琉球の更紗になぜか心奪われ、遠く南の海の彼方を夢想していた少年にとって、沖縄はいつのまにかその紅型の鮮やかな色彩感覚とともに、戸井田の言葉にならない憧れの気持ちをさそいだすもっとも強力な磁力源となっていた。病の小康の時期をぬって、ようやく六十五歳の年にはじめて沖縄を訪れた戸井田は、彼の憧憬をそれまで導いてきた琉球織物の現場をまるで憑かれたようにたずね歩く。本島大宜味(おおぎみ)村の芭蕉布、首里の紅型、読谷(よみたん)村の琉球絣、竹富島のミンサー織、宮古島の上布……。織物が沖縄の巫女ともいうべき祝女(ノロ)の末裔としての女性たちによって織られてゆく過程に目を凝らし、その言語以前の「ふうあい」(いろ、つやの感触)を感知しながら、戸井田は、きものが女性を媒介にして生きる風景のなかに、彼の認識方法の核心がそっと息づいていることの発見をこんな風に描写している。

工房の裏に芭蕉がやぶのようになっている。その栽培法の説明をきいているとき、籠を背負いそのつりひもをひたいで支えている老婆がとおりかかった。琉球絣の洗いさらしたうすものを膝切りにして着ていた。平良さんは何ごとか話しかけ、二人のあいだに数語がかわされた。私には全然わからなかったが抑揚のある美しい声音(こわね)であった。

ここでやっと本来の沖縄にであうことができた。はるばるやって来て、この一場面に接したことは、私の一生にとってどんなに重い経験であるかはかりしれない。

(「染と織」『本2　かたち』一四七頁)

なにげない、土地のきものを着た女性同士のつかの間の立ち話の刹那にうけた感興のようなものを、戸井田は「一生にとってどんなに重い経験であるかはかりしれない」とまで書いている。それはおそらく、琉球織物の現場で、歴史を見通すための「女性」という方法の可能性をふたたび確信した戸井田が自らの存在の芯に感知していた沖縄への憧憬に、ある種の認識論的な意義を与えたからでもあったにちがいない。沖縄はこのときから、戸井田の「方法」としての女性を育む特権的な場所として、彼の意識がいくたびとなく帰還する心の郷土となってゆくのである。

＊＊＊

社会的・政治的実体としての男女の対立関係を超えて、いわば認識にかかわる方法論の二つの体系としてとらえられた男女という戸井田の理解のなかでは、歴史化された「女」という概念が持つ唯物論的な社会関係との癒着こそが問題であった。戸井田の著作に描き出される「女性」が、いつもそうした歴史的負荷から自由でいられるのは、彼がつねに女性を「認識の方法」の問題として処理しようとつとめていたからだった。だから「歴史のなかで恣意的につくられてきた〈女〉というイメージの政治性」といった議論が戸井田を鼻白ませるのも、そうした発想が不当に閑却する、認識論の地平におかれた男女の方法の違いという問題の方を、戸井田がはるかに重要であるとみなしていたからなのであった。

認識と叙述の方法論としてみた場合、戸井田にとって「男」は論理的明晰性の側につねにいた。一方「女性」とは、沖縄の祝女が暗い洞窟のなかで精巧な織物を身を削る思いで織っている姿のように、論理のおよばない、生命の不透明さをからだ全体にみなぎらせた存在としてあった。女の方法とは、このいっけん理不尽な陶酔と忘我のエクスタシーがついには論理を超えた実在感とむすびついてゆく、その不思議にたしかな理解の道筋のことでもあった。ロジカルで言語的な明晰性の対極にあって、女性はその身体性をもって不透明さの側に立つことにより、別の認識の通路をつたって真実へとたどり着くことができるのだった。肉体的であり呪術的であるともいえる女性の方法を、「迷信」にのめり込む不可解な存在として否定することしかできない男性の論理を、戸井田は「さめた現代人」の論理であると呼んでいるが、そうしたさめたインテリとは現代においては男でも女でもありうるのだ。現実の男女の性別や性規範と、方法としての男女とのあいだには、直接の対応はない。むしろ人間自体が、いまや空疎な頭脳（男）と生活する肉体（女）のあいだの乖離として存在しているのではないか。そうだとすれば、この分裂した頭脳と肉体をやわらかにつなぐことができるのは、社会主義的な「指導」でも「教育」でもなければ学問的な「理論」でもない。それらは頭脳による肉体の征服にほかならないからだ。男の論理と女の身体をともに一つの存在のなかに具備した「ふたなり」（半男女）としての人間、この「存在のヘルマフロディーテ（両性具有）」がかかえる分裂をなにかによって超え出てゆく方途がないだろうか？　戸井田のもっとも本質的な問いかけはたぶんここにあったのである。

そしてその問いに、戸井田は、自ら「思考のヘルマフロディーテ」を実践することをつうじて答えようとした。人間という存在のなかにある男女の乖離を、最終的には男の科学的言語の側から語る術しかこれまでなかったのだとすれば、戸井田は自らの操る認識と言語を「ふたなり」の構造を持ったものに変革しようとした。人間という本質的な「存在のヘルマフロディーテ」を考え、語るために、女の身体や感情の包括的・内在的な不透明さを利用することはできないだろうか、と。

クマソを討つために女装して接近したというヤマトタケルの物語は、深い神話的寓意の根を持っていた。巫女としての后と神としての王の婚姻関係のなかに、政治と祭事のあいだの本質的な連続性にたった古代の男女の関係の基礎があったのだとすれば、女に成りかわることはきわめて戦略的な実践でもあったからである。戸井田も書いていたように、『土佐日記』における紀貫之もこのことを直観していた。女装するヤマトタケルの精神を現代に借りうけること……。戸井田はこうして、女の身体と意識を借りて歴史や言語の地平に歩み出すことをつうじて、困難な「思考のヘルマフロディーテ」を生きようとしたのだった。

⁂

『能芸論』の冒頭で、戸井田はマルクス『資本論』の書き出しをまねて、「能はまず、能面としてあらわれる」と書いている。戸井田にとって、能論は彼のヘルマフロディーテの思考がもっとも深く展開される実験場であった。そしてそのわけは、能という芸能じたいが、人間存在の本質的な「ふたなり」としての乖離を調停しようとする技芸として構想されていたのではないかという、戸井田の予感があったからである。そして能の孕む存在論と認識論の亀裂は、『能芸論』によればまず能面の矛盾として鋭くあらわれてくる。

能面は、なにかを「思う」ように見える。その、物理的には固定化された表情が、演技のなかで泣いたり笑ったりしているように見えるのも、能面のなかに心意のゆらぎを伝える「思い」がすでに内包されているからである。「思う」と「面（オモ）」は同じ言葉ではなかったか、としながら、戸井田は、しかし面の放射する混沌とした「思い」が一つのかたちをとって出てくるためには、自らのなかから秩序を生み出す必要があったはずだという。その秩序が言葉である。混沌のなかから言葉を目覚めさせ、言葉の目覚めによって「思い」を成り立たせる。能面のなかには、はじめからこうしたパトス的な激情と、ロゴス的な構想力の出現の契機とが、同時に孕まれていたのである。

戸井田は、この言語的構想力のことをまた、「手の論理」とも呼んでいる。飛びあがろうとする奔放な空想をつなぎとめ、すくいとる手の論理によって、能面の表情は面という手と木材との格闘のなかから現実のかたちを与えられる。だがそうしてできあがった能面のあらわしているものは、手の論理のすくいとりにおさまりきることのない「思い」の示す渾然一体とした「おもむき」、すなわち幽玄と呼ばれるような興趣の世界だった。「思うだけで作らぬ人々と、作るばかりで自主的には思い得なかった人々とに現実が分離していたために、面の思うところと、手の論理とが、分裂していたのである。……能面の内的矛盾は、ここにおいて、面の思いと手の論理との矛盾であるといいうるであろう」（「能芸論」『本2 かたち』一九一頁）。

一九四六年という執筆された時代背景を考えれば、ここには社会主義的な生産と実践の理論のこだまがいまだ強く反映していると見ることもできるだろう。しかしすでにこの時点で、戸井田が、能の「物まね」が一方で祭儀的であり一方で写実的であろうとすることとの矛盾のあらわれを、能面自体の孕む面と手の分裂を媒介として探りあてていたことは重要である。なぜなら、彼はこの能の内包する根源的な矛盾が、神につきしたがう呪術的な一体化の性向と、神に背いて論理に与する明確化・対象化の性向との葛藤のなかにあることを、ここで見抜いていたからである。文化の本質における身体的不透明さと論理的明晰性との乖離の構造を、彼はすでにこのときはっきりととらえていたのである。
能における二つの性向の対立が、戸井田のなかで「男」と「女」の方法的相違としてはっきり意識されてくるのは、『能芸論』から二十年近くたって書かれた『能――神と乞食の芸術』からであった。いうまでもなく、男しか舞台に上がれない芸能として行われてきた能の祭儀的な根底に、巫女の芸を形式的に吸収してゆくことで表現の呪術的模擬（ミメーシス）を達成しようとする能の技術的核心があったことは、戸井田の大きな関心事だった。男女の伝承する固有文化の差異が、中世後期において能というような芸能の成立と展開に大きな影をなげかけていたことに戸井田は注目していた。そして女面について書いたつぎのような文章は、彼の能面にたいするアプローチが、すでに『能芸論』執筆当時の社会主義的実践論の地平から、大きく現象学的・記号論的な方法意識へと深化していることをよく示している。

笑っているような女面が、ときに泣いているように見えることがあるのも事実である。しかし、それは、われわれの周囲で、じっさいに見かける事実がそれに似ているからにほかならない。日本の女性は悲しみにたえるとき、顔だけはむりに笑っているばあいがある。われわれは、そのけなげさに一層うたれて、彼女の悲しみを深く感じてしまうのである。それと同じ感情移入が能面のばあいも行われる。能面のえくぼと唇の両端の動きで笑っているから、かえって泣いていると感じさせてしまうことになるのだ。能面が泣いたのではない。日本の女性が笑うような泣きかたをするのである。これは能面が女の顔の写実であるよりも、女が自分の顔に能面をかぶせたのだと見るべきものであろう。模倣したのは自然のほうなのである。

（「能――神と乞食の芸術」『本3 みぶり』二一〇～二一一頁）

能面を神聖なものであるとする心意が、逆に面の表情に流動的な混沌を付与してゆく過程をこのように分析した戸井田は、まさに呪術的模擬（ミメーシス）と認識的模写（リアリズム）とのあいだを揺れる、能の「物まね」芸の核心にある紛争に思考の照準を合わせていた。そして能役者がそうした「物まね」の芸によって「かかり」（風情）と呼ばれているような幽玄の美をめざすかぎり、対象的模写としての物まねをどこかで内在的で渾然一体とした幽玄の風体へと融合させねばならなかった。その可能性への手がかりを世阿弥の後期の伝書がいう老・女・軍の三体物まねと歌舞の二曲との綜合のなかに予感しながら、戸井田はこう書いている。

いってみれば物まねは観察を方法の中心にすえなければならぬ醒めた芸である。これに反し歌舞の二曲は自ら酔う芸である。これを性別に配当すれば、物まねは男の芸で、歌舞は女の芸といってもいいだろう。

（「能――神と乞食の芸術」同書、一三一頁）

世阿弥による能の深化が、男女の認識的な方法論の違いを融合していくかたちで行われていったことを、戸井田はここで論証しようとしている。それはつまり、世阿弥の方法に、あの「思考のヘルマフロディーテ」を見出そうとする戸井田の独創でもあった。父の観阿弥が『花伝書』をつうじて世阿弥に伝えた幽玄への鍵は、女芸人の物まねをすることにとどまっていた。『花伝書』によれば女曲舞（おんなくせまい）はその形自体が幽玄をあらわすものであるから、それをよくまねれば幽玄になる、という発想である。物まねの十体に通じ、物数をつくしていた観阿弥にとって、「よく似せんが本位」という写実的な方法をとりながら幽玄を実現するためには、女芸人の歌舞の風情に似せることで十分であった。戸井田は書いている。「〔観阿弥は――引用者注〕幽玄を客体的に考え、能芸そのものの美と考えていないことに注意してほしい。美的かかりと物まねとの統一しにくいものを、統一するために低い次元で幽玄を考えていたのである。観阿弥の幽玄はここまでだったとかんがえてよい」（「能――神と乞食の芸術」同書、一三二〜一三三頁）。

これにたいして世阿弥のとった方法は違っていた。父の物まね十体を老・女・軍の三体に要約することによって写実的な物まねから脱却し、これに歌舞の二曲を合体させることで、主体と対象とを分離しない自他の感覚的融合状態のなかで一気に幽玄の美を獲得する世阿弥の方法は、本質的に認識のヘルマフロディーテの生み出した美学であった。その美学の核心に、演者による巫女的な心理操作の主体化とそれによって観客を渾然としたエクスタシーの場に連れ出してゆく方法とが働いていたことを、戸井田はつぎのように説明している。

対象的な優妍（ゆうけん）〔はればれとした美しさ――引用者注〕から観客自体をもふくむ一つの世界としての幽玄に変化していくことになる心理的な基礎が、ミコ的な心理の二重性、つまりは演技者の心理の二重性のなかにあった。

観客自身もおそらく、それにならって感情移入の訓練をうけてきたものであろう。相手をりっぱで美しいと感じることと、自分が恥ずかしいと感じることとが一つになり、次には自分を恥じる姿を対象的に美しいと感じる複雑な現象がおこって自他の心理的な融合をとげてきたのと同様の経路が幽玄にもあって、シテを中心とする幽玄世界にすべてをとかしこんでくる能の美が成立したものと思われる。

（「能――神と乞食の芸術」同書、一二三七〜一二三八頁）

ここで述べられているように、戸井田は世阿弥の革新的な方法のなかに、巫女的な身体性を能の認識論的場に合体させるという方法が隠されていたことを発見した。さらに、シテの女たちが「恥ずかしや」といって面をふせ、あるいは扇や袖で型をするのも、じつは巫女が神懸かりから醒めてゆく過程を示す動作の投影であったことを戸井田は別に論じてもいる。とすれば、能の至高の美としての幽玄は、まさに醒めかける男性的理性といまだ混沌の海をたゆたう女性の魂とがせめぎあう緊張した時空間のなかに、忽然と発生する何かなのかもしれなかった。

戸井田は能のなかに、彼のヘルマフロディーテの哲学を支える神秘的な力学を透視しようとしていたのである。

⁂

数回に及んだ戸井田の沖縄訪問の印象が、つねにそこでの女性の日常の生きるさまを深い憧憬をもってまなざす視線によって貫かれていることは、だれも否定することのできない特徴である。十二年に一度、午年にとりおこなわれる女性のみによって司られる祭りとして知られた久高島のイザイホーを一九七八年に見聞したときの彼の印象記は、なかでも、戸井田の沖縄への関心が方法としての「女性」というテーマと深く結びついていたことを生き生きと語っている。

祭りの準備が行われている神庭で、女たちが浜から白い砂をあげて道に敷き、清めて神聖な神の通路をととのえている。そのとき、クバの密生した御嶽（うたき）の蔭から不意に小さな蝶が数十羽ひらひらと舞い上がり、神庭のうえをしばしさまよって消えていった。この光景を見て、戸井田はなんともしれぬ奇妙な気持ちになる。数日後にもういちどくり返されることになるこの不思議な体験について、彼はこう書きとめている。

翌日がイザイホーの初日で夕神遊びがあった。雨がしとしとと降っていた。二日目のカシラ垂れ遊びのときは、小やみになった。やっと三日めに晴れあがって、南国らしい強い日があたった。……いよいよ三十歳から四十一歳までの八人の女性が神女としての資格をあたえられる。彼女らは、神アシャゲとタルガナー（エラブウナギを燻製にする小屋だが、やはり神聖な小屋）とのあいだに置かれた古風な木臼に腰かけて、ひとりずつ順に外間（ほかま）ノロから額と両頬に合格のしるしを押してもらった。そのたいへん荘重で厳粛な式のはじまる直前に、静かな一瞬があった。七、八百人の参観者たちが、しんとしずまって、これからはじまる行事を、じっと見まもっていた。

そのとき、どこからか大きな黒い蝶が一羽ひらひらと飛んで、誰もいない神庭の上で舞うのだった。……

実に変な気がした。神霊などという言葉を民俗学の書物や報告で見たり聞いたりしてもたいして気にもとめず、そのような考えかたがあってもなんの不思議もない、理性でわからぬことがあるのはあたりまえだ、ぐらいにしか考えていなかった。そのことがにがく反省させられた。

と、いうのも音もなくひらひらと飛んできた黒い蝶が、これはただごとではないと感じさせていたからで、つまり、神霊などと呼ばれる何か、これが昔からいうあれなのだ、と心にたしかな手ごたえがあったのだ。

（「蝶について」『劇場の廊下で』麥秋社、一九八一年、一八七〜一八八頁）

巫女たちのとりかこむ神庭に迷い込んだ一羽の黒い「ハベル（＝蝶）」。その光景は、戸井田にただちに沖縄の蝶の神であるアヤハベルの顕現を思わせた。虫が繭をつくってなかにこもり、やがてそれを破って空へと飛び立つこの死と再生の神秘を神格として意識し、自らも御嶽（うたき）の小屋に籠って、通過儀礼ののちに蝶のように神女となる女たち。この神女と蝶の交感の風景に立ち会ったとき、神とか霊とか魂とかいった概念は、はじめて戸井田のなかで啓示のような深い直感とともに、言葉のもつ真の内実を彼に指し示したのである。「あれ」というほかない、深層意識のなかに息づく古くからの真実を、戸井田は発見した。幼少時から蝶や蛾にたいして抱いていた言葉にならない畏れと懐かしさのいりまじった感覚の由来を、戸井田はここで論理的な認識の通路によらないかたちで、納得したのだ。こうして概念を内在的な身体意識によって名指すことを覚えた戸井田の連想は一気に速度をましてゆく。奄美の蝶が死者の魂であり、それが三角形の布として子供たちのきものの背に縫いつけられていたこと。能「道成寺」では前シテがサナギのような鐘に中入りして鬼女となって再生すること。歌舞伎舞踊「保名」で保名が狂乱して舞うとき、蝶がちらちらと空中を飛んでいること……。「蝶」という記号の連鎖はこうしてさまざまな領域に増殖しながら、民俗的想像力の広がりと連関についてのたしかな像を結びはじめるのである。

これが戸井田の方法であった。惜しいことに、沖縄をめぐるそうした概念連関の方法が宿す思考の種子は、彼の無数のエッセイのなかに散布されただけで、その植物を自ら育ててゆく仕事にかかる途上で戸井田の命はつきてしまうことになった。

だが彼は私たちに、方法としての「女性」というメッセージをたしかに残していった。右の引用文の後半で述べられているように、非論理を経験の手ごたえとして感じてしまうその実在感を、言葉と言葉以前の身体意識とのぎりぎりのせめぎあいのなかで語ることの必要性を、戸井田はあるとき強く確信したにちがいなかった。「神霊」といった民俗学的語彙じたいが、すでに、生活者のもつ女性的身体意識の世界から遠く離れてしまっている現実を、戸井田はもういちど日常に生き祈る女性たちの意識に潜入することをつうじて、変革しようとしていたのである。

そうした認識の冒険がおこなわれたのが、沖縄だった。その意味では、戸井田にとって沖縄は女性そのものであったといえるかもしれない。ヤマトゥ（本土）という男性によって征服される女性という政治化された構図の対極にある、観念をもてあそぶ男性原理に対峙して、具体物の不思議なゆらぎの場を現出させる沖縄という女性……。ヤマトゥの頭脳がその論理的構築の力によって書き上げた「歴史」をゆさぶりつづける沖縄という名の不透明な身体。本格的に着手されずに終わった戸井田の沖縄学は、この思考のヘルマフロディーテ、身体と認識のもっともラジカルなメティス（混合体）を自らのなかに創造する行為として構想されていたにちがいないのである。

しかもこのヤマトゥ（男）―沖縄（女）の構図は、たんに認識論上の対立の図式であるだけではなかった。それは同時に、征服と戦争の歴史のなかで抑圧されつづけてきた沖縄への社会的・政治的視線と重なっていた。あるとき宮古島を訪ねた戸井田は、上布のための麻（からむし）を紡ぐ一人の老婆に出会う。彼女の織物の手際に感嘆し、そのあと披露してくれた歌と踊りをすっかり楽しんだ戸井田が別れぎわにその老女の手を握ったとき、彼女の手の甲に刺青のあとがあるのを発見する。女性の肉体に刻まれてきた古い習俗としての針突（ハジチ）の痕跡を、戸井田は女性をめぐる信仰や民俗の文脈とともに、それが禁じられた近代日本の政治的文脈からも眺め、深く心を揺り動かされたのだろう。敗戦時はまだ三十代であった彼女がなめてきたであろう痛苦に思いを馳せながら、宮古島で覚えた心の充足感について戸井田はひとこと、こう書いている。

機会があったらまた訪ねてあの手を握りたいと思う。

（「文を紡ぐ女について」同書、九一頁）

さまざま意味で、肉体の痛みの記憶のなかに伝承されている身体の歴史のかけがえのない重みを、このとき戸井田は老女との触れ合いのなかで感じとっていたにちがいない。

心の郷土への帰還への思いは、戸井田にとってつねに身体意識のかたわらにあった。戸井田は、沖縄という女性の肉体に触れ、それを自らの力とすることによって、ヤマトゥという男の歴史を、まあたらしい何かに書き換えることを夢見ていたのである。

沖縄という女性の身体を借りた戸井田は、いまだに私たちの前方で、たしかな足取りをもって性をめぐる認識の未到の領野を歩みつづけている。

5 翁語りの深淵
——時間を生きること

「老い」をめぐる問題は、戸井田道三の思考にいつも特異な遠近法を与えつづけていた。能を論じ、狂言の特性を説き、民俗芸能に魅了され、ひるがえって昨今の社会事象を批評する戸井田の意識の彼方には、たえず不思議な緊張感のなかで、老いてゆく自分自身の身体と頭脳がひそやかに感知されていた。だが戸井田は、「老い」の延長線上に肉体の「死」を直接むすびつけるという思考の因習からは自由だった。なぜなら彼にとって、「老い」の問題の核心は、身体的衰弱とも精神的不活性化とも無縁の場所にあったからである。

戸井田にとって「老い」とはなによりも時間意識の変容にかかわる問題だった、ということができるだろう。抽象的に経過してゆく時間のはざまから、始原から持続する「時」そのものの相貌をつかみとるために、老いは特権的な認識の場であった。老齢という経験的時間の長大な堆積の涯てで生じる記憶と忘却の不可思議な交錯のメカニズムのなかに、戸井田は、時間の物理的流れを遮断し超越するある種の認識的な飛躍の契機がかくされていることを、たしかに感じとっていたのである。

このことは、戸井田の思想の展開にとってとりわけ重要なことであったように思われる。なぜなら、戸井田はまさに彼自身の思想的深化の過程を、老いてゆく自分の身体と頭脳が感知する時間意識の変容の過程と重ねあわせることのなかから、特異な哲学的思索を紡ぎだしてゆくことになったからである。記憶と忘却とを現象学的な身体論や存在論にきわめて近接した地点から論じて独特の思索を展開した『忘れの構造』も、もの忘れがひどくなってゆく自分自身の頭脳を冷静に見つめるという日常的な視線をてがかりに生まれた著作だった。そしてここでの戸井田の独創は、いうまでもなく、「忘れ」を肉体的老化の一形態として否定的にあつかうのではなく、「忘れることによって身体的に憶える」という記憶の別のモードにたいして積極的な評価を与えたことにあった。そしてそうした評価の背後には、幼少の時をたえず思い出し、過去の記憶をまさぐり、閉ざされた忘却をいまに喚起する戸井田自身の生きられた現在があった。老いがもたらす意識の新しい相を凝視することをつうじて、戸井田は未知の時間論を構想していたのだともいえる。

***

雑誌『文学』の一九八三年七月号に発表された「老後の初心」というあざやかな世阿弥論は、同時に、数えで七十五歳になった戸井田自身の卓抜な時間論として読むことができる。この特異な論考の通奏低音となっているのは、父観阿弥が知ることのなかった芸の老境に入った世阿弥の意識に自らを重ね合わせる戸井田の、老いにたいする感触のようなものである。老いという一点において、世阿弥と戸井田はここで奇妙な意識の融合状態にある。そのことが、この文章のなかに世阿弥の声と戸井田の声とが響き合いながら散布されているような印象を読者に与える要因ともなっている。

戸井田はまず、『風姿花伝』から『花鏡』にいたる世阿弥の能楽論の深化をたどりながら、そこでの思想的展開を「時間の推移」の問題として見るきわめて斬新な視点を提示する。父観阿弥の教えを書いたとされる『風姿花伝』の成立過程をたんねんにみてゆくと、それがかならずしも父の考えをそのままに書き伝えたものではなく、後年の世阿弥によるさまざまな追加や修正があることがわかる。この『花伝』そのものの改変を書かれたことの変遷推移として考えれば、それは言葉の添削、意味の更改であるが、世阿弥の内部でいえば、それはたんに時間の推移でしかない、と戸井田は断言する。ここで戸井田が主張しているのは、時が思索を変化させるということではなく、むしろまったく逆に、外面的には意味の更改に見えることも、主体的には時間の経過をあらわしているにすぎないということなのである。「変化」という概念が思索の推移を外在的な見地からとらえる言い方であるとするなら、内在的にはそれはただ主体の内部における「時の経過」をあらわしているにすぎないのである。

『風姿花伝』から『花鏡』への世阿弥の思想的展開は、さらにこうした戸井田の視点の妥当性をきわだたせる。能役者の生涯の稽古のあり方を年齢の段階ごとに説いた『花伝』の「年来稽古条々」の篇が「四十四、五」のあと「五十有余」で終わっていることには注意しなければならない。観阿弥はその先の稽古のあり方について語らなかった。いや、五十二歳で急逝した観阿弥にとって、いうまでもなくその先は語れなかったのである。しかし『花鏡』を書いたときの世阿弥はすでに六十二歳となり、戸井田もいうように、父の知らない老境を経験していた。老いの意識のなかで瑣末な出来事の記憶は忘却の彼方に去り、世阿弥の前には整序された鮮烈な経験の数々が浮かび上がらせる、観照された芸のイメージがあった。『花伝』を父の教えをたよりに書き継いでいたころには理解不可能だった美の本質が、いまの世阿弥には見えるのだった。父観阿弥についての無数の些事が忘れられているからこそ、世阿弥には父とその芸の姿が明瞭になるのだ。「初心忘るべからず」といった言葉は、そうした境地からしか生まれてこない言葉であるにちがいない。この、世阿弥の老境における記憶の再整序とそれにともなう時間意識の変容について、戸井田はこんなふうに書いている。

老年の世阿弥もおそらく忘れっぽくなったにちがいない。だからこそ、彼には十二歳の記憶が忘れ去った過去の、茫漠とした時間のなかにくっきりと残ることになったのだ。それが年をとるということである。年をとると、少年の日が遠くなりながら、今との距離がなくなるのである。そうでなかったら「年々去来の花」がどうしてあり得るであろうか。

（「老後の初心」『本3　みぶり』八頁）

ここで世阿弥の十二歳の記憶といっているのは、いわゆる「今熊野の能」と呼ばれることになる将軍足利義満を前にして一座が演じたはじめての猿楽能をさしている。このとき、四十二歳の観阿弥は大夫として「翁」をはじめて舞い、十二歳の世阿弥の凜々しい姿も大いに評判になる。この日の演能こそが、将軍家の贔屓を得て能楽師としての地位と権力を勝ちとってゆくのちの世阿弥の出発点となる画期でもあった。そして世阿弥のなかで能芸の原風景となってゆくこの出来事を、戸井田は彼自身の能芸論のアーキタイプ(原型)をかたちづくる風景であると考えていたふしがある。だがこのことはもう少しあとで論じることにしよう。

いずれにしても、役者の年齢に応じた「時」の変異の諸相に注目するために、戸井田は世阿弥を真ん中にはさんだ父親から孫へといたる三代の人間に生起した伝記的事実をしっかりとおさえようとする。今熊野の能の十年後、観阿弥が五十二歳で急逝して大和猿楽観世座の大夫を世阿弥が継ぐことになったとき、彼は弱冠二十二歳だった。それから四十年のたえまない精進ののち、『花伝』の思想圏をのりこえて世阿弥自身の考えを『花鏡』として息子元雅につたえたのが六十二歳。そして長子元雅が三十一歳で急死したとき、世阿弥は数えで七十歳になっている。さらに将軍家の庇護をめぐって繰りひろげられた能役者たちの争いに敗れて佐渡に流刑になるのが七十二歳。のちに許されて帰洛し、まもなく病にたおれて死去するのが世阿弥八十一歳の夏のことである。

中世という時代の変転のうえにこの親子三代の生と死を置いたとき、そこにはたしかに交錯する三本の苛烈な生命の線分が描きだされることになるだろう。だが、父と長男の死にたちあいつつ芸の奥義をきわめて八十年を生きた世阿弥にとって、いのちの時はそのように直線的に計測できるものではありえなかった。父から口伝えに習いおぼえたさまざまな演技の核心が、世阿弥の無数の「いま」にかたちといろあいを変えて蘇ってくる。自らの身体的感得を経由したそれらの奥義をこんどは息子の元雅に伝えるとき、老いた世阿弥の意識の背景には、不意に少年の日に見た今熊野の猿楽で舞う父の姿が閃光のようにひらめいたりもする。世阿弥の意識のなかで、重層化された記憶は数学的な時間の流れを断ち切って、あざやかに始原を今に召喚するのである。老人にとっての記憶という現象が、もはや特定の日時をもった過去の一点についての想念ではなく、始原が今に召喚されるときに侵入する神話的時間と非可逆的自分史とがスパークする臨界点に生じる出来事であることを示唆しながら、戸井田は生きるということの時間論的定義をつぎのように述べている。

人はいつも由来をたずね、始原をめざしてものごとをわかろうとしている。始原がわかれば、ものごとがわかると無意識のうちに思いこんでいるかのようだ。それは自分が生まれたと思っているからだ。そして自分はやがて死ぬ。しかし死は、自分にとっては一生という空疎な時間の終わりにすぎないだろう。へんないいかただが、一生人は死なないのである。死んだ自分は自分ではないのだから。

生きることは、今が始原にもどりつつも、死へと非可逆的時間が進むその内実である。

（「老後の初心」同書、一一〜一二頁）

戸井田の思考のなかで、「老い」の問題が「死」へと連続しないのは、まさにこのためである。「一生という空疎な時間」と戸井田は書いている。一見すると驚くべき表現だが、すでに述べてきたように、戸井田にとって生きることは、誕生と死によって区切られた物理的時間の彼方に始原を見すえることで、空疎で無常な日常時を輝かしい意識の充足の場へと救い出すことのなかにあった。だとすれば、老いがもたらす時間意識の変容のなかで始原の記憶に向かって下ろされた垂鉛は、あやまたず「生」のもっとも深い内実へととどくはずである。だからこそ、「老い」は「死」ではなく「生」の特異な時相と結びついているのだった。

そしてまた、老境に入った世阿弥もこのことに気づいていたのだ。戸井田がいうように、演能の律動的展開を説いた『花鏡』における「序破急」という概念も、身体的律動によって示された時の揺らぎの場としての序破急のなかに、生そのものの深い内実を表現することを指していたにちがいないのである。

＊
＊＊

世阿弥の老いの意識への共振によって促された戸井田の時間論は、いわゆる「夢幻能」と呼ばれる能の特異な構造の解釈へとさらに展開してゆく。ここでも、戸井田は観阿弥作の能と世阿弥による能とを比べながら、両者の時相のちがいに注目する。「吉野静」「百万」といった観阿弥作の能は一般的に現在能と呼ばれているが、そこでは舞台経過がつねに現在形で進行する。役者はいつも外から見られており、舞台上では劇の現在が観客の今とは分離されるかたちで進行してゆくのである。一方、世阿弥の代表作の多くは「複式夢幻能」と呼ばれる構造をもっている。

ワキの僧が物語のゆかりの場所を訪問すると、里の女など（前シテ）が現れて伝説の由来を語り、たち去る前に物語の主人公がじつは自分であったと明かす。僧は故人の霊を弔ううちに眠りに落ち、その夢のなかに物語の主人公が生前の姿で現れる（後シテ）。亡霊は思いを語り、舞を舞い、僧に供養を頼んで消える。目が覚めるとそこに僧がただ一人とりのこされている。

こうした共通の構造をそなえた「複式夢幻能」における特異な時間の相に戸井田は注目する。すなわちそこでは、時間がシテの内側の世界に吸収されるようにして、不思議な流動や逆転を示しているのである。ワキの僧が奇妙な夢を見ているのだと解釈することによって前場と後場の時間の逆流は一応合理的に説明がつくが、戸井田はむしろ、幽玄の世界を観阿弥のように外的に現出させることから離れ、内なる始原に幽玄を見ようとした世阿弥の独創が、こうした時相が交錯する能の形式を発達させたのではないかと述べる。物理的時間のようにつねに過去から未来へと意識が流れるのではなく、随時記憶が流れ込む現在のなかに融合した意識の時間があると考えるのである。夢幻能の場に立ちあらわれる舞の緊張した持続と不思議な時間の流動に打たれながら、戸井田は幽玄という鍵になる概念が能の時相と本質的な関係をもっていることの秘密をこう説いている。

要するにわれわれを一種の陶酔にさそいこむくせものは時間なのであ

る。ふつうわれわれは地球の自転を二十四時間ときめて、計時するくせをつけているため、時間といえば空間的な延長の無内容な間隔を考えてしまう。しかし、それは抽象的な時間にすぎない。過去は記憶され、未来は期待されているが、それは現在の意識にすぎないともいえる。少年にとっても老人にとっても一時間は一時間である。しかし老人にとっての数年は少年にとっての一週間よりも短い。そして昨日のことも忘却のかなたに消えさって痕跡ものこしていないのに五十年まえのある瞬間の記憶がまざまざと現在に生きていたりする。……だからこそ、人は幽玄などとあいまいな言葉で能の時間をさしていい、実感によってうなずきあっているのである。たぶん、それは身体の内部に存在する暗黒な深淵からくる一種の波動のようなものであろう。それがひびきあい、静かにゆらめくところに能の世界が形成されるのだ。

（「能――神と乞食の芸術」『本3　みぶり』二六一頁）

夢幻能の開く特異な時相とそれが暗示する意識の深淵について戸井田がこう述べるとき、たとえばそこには「井筒」のような能が想起されている。後シテとして現れた有常の女の亡霊は、ありし日の業平との愛を語りながら感慨深く昔を思い返し、すすきをかきわけてのぞきこんだ井筒のなかに映るみずからの直衣(のうし)姿に業平の面影を見てなつかしむ。この最後の場面で地謡が「夢も破れて覚めにけり。夢は破れ明けにけり」と謡って一曲を終わるが、こうした夢幻能に特徴的な時間のただなかで、観客はいまだに見果てぬ夢を見ているかのように、現在の意識のなかに物語の時間が逆流したままただようのを経験する。観客はたしかに舞台で進行する劇を外部から場面として「見て」いるはずなのに、この経験の本質は空間的・視覚的であるというよりも時間的・内在的なものなのである。戸井田はこうした経験を、「純粋持続のなかに特殊な時相をあじわう」と表現しながら、「井筒」のシテの動作がそれを享受する私たちの時間意識と交錯するところに幽玄と呼ばれるような興趣がたちあがってくることをつぎのように説いている。

> じっと井筒のなかをのぞきこむ型をするが、それは見ているわれわれが何か心理の深層にひそむ深淵の闇をのぞくことを意味しているようだ。持続の時間はたんなる延長ではなく、個人的な記憶をこえた生前からあったものとして伝わってくるひびきをそこに感じているのである。

幽玄とはそのようなものをさしていたのだ。

もっとも大事なのは、井筒をのぞきこんでじっと動かずにいる、そのときの時間の持続なのである。

（「観阿弥と世阿弥」『本2　かたち』五四〇頁）

舞台で舞う世阿弥の身体にのりうつるようにして、戸井田の時間論はここで陶酔する時の経験へのかぎりない憧憬を表明しているかのようである。夢幻能によって、世阿弥は物理的時間の非可逆的な相を乗り超えて、純粋持続としての神話的時相へと侵入する可能性をひらいていった。そして役者と観客とのあいだに共有された意識の現在時を、そのまま始原へとみちびいてゆく奥義を会得していった。外から見てみやびやかに見えることを幽玄の本質と考えた観阿弥の美学を、世阿弥は内なる時間的経験としての幽玄世界へと改変していったのである。父と子の、そして子と孫とのあいだに横たわる歴史の画期が、もどることのできないそれぞれの「時代」の雰囲気を役者の身体に刻印していったことを知りつつも、世阿弥は彼自身の「生きられる時代の底に、つまり自分の序破急の進行する底におりて」（戸井田「老後の初心」『本3　みぶり』一六頁）ゆくことによって、区切られた時代の枠を超えて、純粋持続としての芸の核心にふれることができたのだった。

『花鏡』における「老後初心忘るべからず」という文章は、ここではじめてその真の意味を開示する。これは入門時の、修行をはじめたころの初心を忘れてはならない、という意味ではなく（それについては別に「是非初心忘るべからず」と世阿弥は書いている）、文字通り、老境にはいったときの初心の芸を忘れてはならない、という教えである。老境の初心の芸とはある意味で矛盾する言い方のようでもあるが、まさにこの時間の物理的推移を無化するような表現のなかに、世阿弥は身につけてきた芸が凝縮されたかたちで純粋持続の場へと一気に流れ込む幽玄世界の現出の瞬間をさぐりあてようとしていたのである（「老後初心なれば、前能を後心とす」）。世阿弥はまた『花鏡』で、五十歳を過ぎれば「せぬ」ことのほかに方策はない、とも述べている。「せぬ」ということこそ、まさに老後の初心の芸の奥義であった。そして「せぬひま」という概念で世阿弥が呼んだ技芸のあいだに生じる間隙こそが、緊張を持続する意識の奥底に充実を呼び込むことによって観客の興趣を高める幽玄の本質だったのである。戸井田が「井筒」のシテの動作の「せぬひま」に感じとった純粋持続のエクスタシーもまた、これであった。そして戸井田はおそらく、彼自身の老境のある瞬間に体得した、時のはざまを凝視する不思議な意識の技芸をつうじて、その思考の「せぬひま」のなかに、遠く近くゆらぎながら明滅する世阿弥の姿を望んでいたにちがいないのである。

＊＊＊

戸井田はつねに、文化が伝承されるときの人間の各世代のあいだの時代的なつながりについて、強い関心をもちつづけていた。『観阿弥と世阿弥』も、『能――神と乞食の芸術』におさめられた「父と子」といった文章も、またすでに見た論文「老後の初心」も、いずれも観阿弥、世阿弥、元雅、そしてその子という祖父、父、子、孫のあいだの世代的緊張と時代の推移との関係を基軸にして、文化や美意識の発露をめぐる個別と普遍について論じたものだったととらえることができる。だから戸井田の関心は、たんに親子の伝記的な意味での精神交渉の系譜をたどることにあるのではなく、むしろそれぞれの世代や年齢のなかに時代がその文化的側面のある部分を投影していたことの考察をつうじて、抽象的な「歴史」が特定の個人の身体のうえを経過してゆくときの具体的な時の連鎖について考えることにあったのである。

こうした発想はまた、広く日本の民俗一般や現代社会を観察し批評するときの戸井田の視点を枠づけるものでもであった。たとえば『演技』のなかで、戸井田はカゴメカゴメのような子供の遊戯が大人の信仰行事の模倣として生まれたという柳田國男の説を援用しながら、世代間で感情や慣習がやりとりされ、うけわたされてゆく過程のなかに歴史の深層を見定める視点を提示している。

「かーごめ、かごめ」と無邪気に声をそろえて遊んでいる子供たちの行為のうちに長い歴史が影をおとしているのであって、その原初のかたちは大のおとなのまじめな信仰行事であったのだ。一人のよりましをめぐって一定の文言をとなえ、神をのりうつらせることで神意をきこうとしていた共同社会の必要が、他の方法によって代位されるにしたがって、だんだん衰滅に帰してきたに反し、おとなのやることを、じっと見つめていた子供たちが、生活技術の**学習**に遊戯という方法でそれを再現してきたのである。親たちは、かえらぬ昔をなつかしみつつ、なお心の奥底にのこる神秘な感情を子供の行為のうちに見ていたのかと思う。積極的に指導奨励まではしなくとも、脈々とつたわる歴史的な感懐にささえられて、暖かく見まもってはいたのであろう。その親たちの視線が、子供をして「かーごめ、かごめ」と演技させていたのである。

（「演技」『本3　みぶり』三〇頁）

戸井田の文章には、しばしば子供の他愛のない遊戯やちょっとしたしぐさをこまやかに観察する描写があらわれるが、それはたんなる日常風景の外面的な観察であるよりは、むしろ老人と子供という二つの世代のあいだに交わされる意識のまなざしそのものの観察にほかならなかった。異なった時間意識を生きる二者が、あるときふと、同時に時の深淵をのぞきこむ。そのときに共有された場にあらわれる感情曲線の交差のなかに、戸井田は生きられた現在の蓄積としてあらわれるもう一つの「歴史」の姿を思い描いていた。

いくつかの「時代」を生き抜いてきた老人は、客観的な事件史からはすくいとれない風俗や道具にまつわる日常の叡知をその身体に伝承していた。だからこそ、老人と子供の精神交渉の現場は、私たちの生活のありようが如何に変化するかのしかたを伝えるための、ほとんど唯一の可能性を示している。老人の身体から立ちのぼる「雰囲気」を理解し、それを私たちの生きられた現在の深みのなかへ投じることによって、出来事の無味乾燥な羅列としての歴史学を乗り超えることはできるのではないか。老人は社会にとって保護と福祉の対象であるばかりではない。老人は時の経過がどのような真実を意味するかを伝え、そうした智恵を再生産するための媒体となっているからである。その意味でいえばまた子供もたんなる扶養と教育の対象であるだけではない。子供を育て、子供に教えるという日常行為そのものが、すでに世代を交差して経験をやりとりする豊かな相互的伝承行為だからである。子が親になり老人になるという推移が、けっしてスタティックな時間の経過ではないことを示唆しながら、戸井田は自らの経験に即してこう書いている。

私の父が生まれてから今までが百五年である。私の少年時代には父の両親、私にとっての祖父母がいた。祖父は私の母の死んだ年（私の七歳）に死んだが、祖母は私が二十歳の時まで生きていた。黒船がたった四杯で夜も寝られぬ時代の話や、安政の大地震をおぼえていた。私は大正の大震火災のとき十五歳、第二次世界大戦後に生まれた甥や姪に、震災や戦災の話を伝えている。こういう老人から子供へという鎖状のつながりかたで、文化が伝承して来たことはたしかだ。昔もボケの老人がいなかったわけではないが、伝承行為の中で吸収されて問題にならなかった。子供は親になり老人になる過程でそれぞれの役割分担があり、マイナスがつねにプラスに転化されるように工夫されていた。そして老人の知恵が必要になる場面が少なくなかったのも事実である。

（『続 劇場の廊下で』麥秋社、一九八七年、二五九〜二六〇頁）

世代をつらぬく鎖状のつながりのなかに、戸井田は時間をうけわたしてゆく世相の歴史のたしかな動力を確信していたのである。

⁂

老人を「時」そのものの凝縮されたイメージとして見るような戸井田の不思議な視線を、あるとき目撃したことがある。それは一九七〇年代なかばのある年の冬、山深い奥三河の月という集落で行われた花祭の朝のことだった。戸井田の民俗探訪の旅に何回か同行したことがあるが、なかでもこの花祭の時の記憶は鮮烈に残っている。夜をとおしてつぎつぎと舞われる神楽を見るという経験は、その見られる神事のかもしだす神秘的な空気に感染して、見ている私たちの五感さえもが不思議な流動を体験するからだ。夜が明け、まさかりを振り回す朝鬼のユーモラスな踊りも終わって、継続する笛の音と舞の律動に自分の身体を心地よくゆだねて半覚醒の状態でいたとき、翁が静かに舞処にあらわれた。脇で見ていた戸井田の眠たそうな目のなかに、やさしい好奇の視線が灯のようにともるのがわかった。

翁は黒色尉（こくしきじょう）の面をつけ、ゆっくりと舞処の中央の竈の前で五方にむかって舞を舞ったあと、待機していた「もどき」役の男と滑稽な問答を始めた。花祭りを見にでてきた翁をもどきがつかまえ、早く見に行こうとする翁の前をさえぎって「礼をいわねば通さぬ」と翁にちょっかいをかけるのである。あちこちに礼を言わされてようやく行こうとする翁に、こんどは生まれ育ちを聞きたいともどきがつめよる。こうして翁のいわゆる「身の上語り」が始まるのである。かつては長い長い身の上語りの詞があったらしいが、いまでは祭りの簡略化とともに翁語りも短縮され、いくつかの聞き取りにくい問答のあと、翁は早々に翁舞を舞って務めを果たし、退場してしまった。朝の薄曇りの空に漂う冷気があたりを覆っていた。

だがこのとき、戸井田の目が翁の背後になにか永遠の時をさぐりあてているような、そんな遠いまなざしに彩られていたことを、私は印象深く思い出す。それは終始陽気だった戸井田が私に見せた、もっとも幸福そうなまなざしだったかもしれない。花祭という民俗芸能の場で翁に再会した戸井田は、もういちど、この時を背負った老人の形象のなかに、彼が彼自身の存在をかけて生きる「時間」を刺戟するなにかを感じとっていたにちがいないからである。

戸井田は『能――神と乞食の芸術』において、能「翁」の胚胎する二重性について語っている。翁は能においてただの老人ではなく、一種の神だった。それは、本来の猿楽能のもっていた神事としての祭儀性が芸術性に転化する過程のなかで、「翁」だけが祭儀的な神聖性をたもちつづけていたことと関係している。演者が翁の白色尉（はくしきじょう）の面をつけたとたん、彼は神に変身する。祭儀は神と人とのあいだの饗宴を意味していたが、その場に神の資格で参加する翁が、ここでは酒と馳走をもられたのである。しかし一方で、乞食所行としての猿楽者がものを「もらう」ほかいびとであったことにも注意しなければならない。能役者にたいする、卑しめていながら同時に畏怖するという当時の人々の気持ちが、能「翁」の成立する基盤にあったと見られるのである。戸井田は書いている。

> いまのわれわれが「翁」を見て、シテの平伏するときはこちらが上位にいながら、白色尉の面をつけると同時に、舞台にいるのが神でこちらは拝見する立場にたたされてしまうのは、猿楽が本来乞食の所行であったからである。

いやしめられる身分の者であったからこそ、逆に神聖なるものに変身しうる社会的な約束が成立していたのであるし、また神聖なものに変身しうるものとして物をもらうがゆえにいやしめられた、ともいえるであろう。

「翁」が能にして能にあらず、といわれるのは、こういう翁のもっている二重性が一方ではすべての能に浸透しているからであり、一方ではこれほどあらわに神事的である能はないからである。

(「能――神と乞食の芸術」『本3　みぶり』一九四頁)

神と賤民とのあいだの引き裂かれた矛盾を抱えつつそれらを綜合してゆくという劇的な構造のなかに、戸井田は能の内蔵する力そのものを透視していた。そして神がその神話世界をつうじて純粋持続の時を形象しているならば、賤民とは歴史の流れに身を任せ翻弄される物理的時間の犠牲者でもあったはずである。その意味で、能「翁」のなかには戸井田の考える始原と非可逆的時間とが交差する構図がそのまま提示されていた。いくつもの皺をもち、切り顎に鬚をたくわえて満面に笑みをたたえた翁。この、まるで私たちのあいだに生きている老人そのものの表情をもった翁の面の彼方に、戸井田は時そのものの複雑な相の凝縮を見通していたのである。

そうだとすれば、少年世阿弥が能役者の原風景として記憶することになった今熊野の能で、父観阿弥が大夫としてはじめて舞った曲が「翁」であったことは偶然ではなかったかもしれない。翁の二重性のなかに、世阿弥は現在時の覚醒の芸たる「物まね」と、始原への陶酔の芸たる歌舞とのあいだに引き裂かれることになる能の本質的な時相のずれを、おそらく予感していた。だからこそ、戸井田もまた、この世阿弥十二歳の記憶にこだわりつづけた。戸井田にとって、父観阿弥を乗り越えてゆく世阿弥の思索の道程に自らの哲学の深化を重ね合わせることは、すなわちこの父の翁舞を見つめる世阿弥の原風景にそのつど立ち返ることでもあったからである。そういえば、戸井田もまたかつて、妻や子供たちの病と死に翻弄されつつ苦労する父を複雑な思いで眺める、額に熱を帯びた少年だったはずである。だとすれば、戸井田もまた、頬を熱で赤く染め、潤んだ目を鋭く輝かせていたこの少年期に、彼の生涯の意識をつらぬいてゆくことになる時をめぐる問いかけを開始したにちがいなかったのである。

*
**

戸井田の哲学的時間論は、そのまま深遠な歴史論へと連続してゆく。なによりも戸井田は、近代日本がある種の「時の接合」として成立していることを見抜いていた。『能芸論』のエピグラフとして掲げられた「日本文化のおくれた性質と抑圧された人間」といういくらか謎めいた警句も、日本における近代資本主義の導入が封建制との奇妙な癒着の構造のなかで行われたことを暗示し、批判するものだった。一方で、急激な物質文化の変容と近代化のなかで起こった社会変化のスピードは、いつのまにか民衆の日々の生活のレヴェルで働いていた歴史の選択にかかわる豊かな日常の叡知を不可視の領域へと追いやってしまってもいた。こうして日本は、始原の無意識をいまだその社会の基底部に温存させたまま、表面的には天皇制に代表される半封建的な時間と性急な近代主義との歪んだ接合として自らを形成してきたのだった。

こうした複数の時の接合として現れた日本文化に、戸井田はしかしある可能性を見出そうとしていた。老人がいくつもの時相をかかえた時間の凝縮として生きているように、日本もまた複数の時をその内部にかかえ込むことによって、つねに時間意識や時代意識の交錯のなかで自らを鋭く問い質すことができたからである。『演技』という著作は、まさにこの時の接合のなかでかたちをかえて伝承されてきた、日本社会の土着的・共同体的な演技領域をあきらかにすることをつうじて、生産の歴史ではない、演技という文化的伝達手段の民俗史を構想した野心的な仕事だったのである。

しかも大切なことは、歴史のなかの時のさまざまな癒着や接合の現場をわたりながら、戸井田の意識がつねに自らの身体と頭脳が生きる「いま」に向けられていたという点である。歴史的な時間の接合を知りつつも、戸井田の思想は過去の凍結された一地点にけっして向かうことなく、たえず更新されてゆく現在の「時」に身をまかせることの方を選んだ。いいかえれば、戸井田のなかで時は一瞬もとどまることなく更新されつづけていたのである。

これが、戸井田の思考の新しさの源だった。特定の時代の支配的ディスクールや思考のパラダイムに一度としてからめとられることなく発言しつづけた戸井田のみずみずしい思想の秘密は、じつはここにあったのである。その意味で、「翁」としての戸井田の語りはかぎりなく現在形であった。なぜならこの翁は、時の接合の現場をくぐり抜け、自らの内部で時を更新しつづける翁だったからである。だからこそ、その「翁語り」に身をまかせるときの私たちは、現在に生きることの痛みと幸福とを、戸井田とともにたしかに実感することができたのである。

6 歴史の昂進
——色が移ろうこと

ゲーテが、その『色彩論』(一八一〇年)の冒頭を「生理的色彩」の章ではじめたことの重要性はしばしば指摘されてきた。ゲーテは色を生理的色彩、物理的色彩、化学的色彩の三種類に分類したが、そのなかでもっとも偶発的で主観的な要素である「生理的色彩」に彼の色彩論の基礎を求めたことは、ゲーテの科学論自体の特異性をはっきりと示している。

ゲーテがいう「生理的色彩」とは、眼という視覚器官そのものの本質のなかに求められるべき色彩のことである。それはいわば「見る」という生理的作用の必然的条件のようなものであり、私たちの眼が光との関係でいかなる色を知覚するかという現象の総体を指し示している。この、私たち自身の眼を中心に据えた光学的現象への接近は、当然のように通常の可視領域の科学的記述と解釈を超えて、光の過多による網膜の眩惑や、偶然に現れる補色や残像、幻像といった視覚現象によって現れる色をも、色彩の本質的条件として考慮するような発想をゲーテにうながすことになった。だから彼の色彩論は、はじめから揺らぎを孕んだ認識論として形成されていたのである。たとえば彼自身の目が幻像を知覚した身近な体験の一つを、ゲーテはこんなふうに述べている。

夕方私はたまたまある鍛冶屋にいたのであるが、ちょうどそのとき、灼熱した鉄塊がハンマーの下に置かれた。私はそれをじっと見つめてからうしろを振り向き、偶然、入口が開いたままの石炭小屋の中をのぞきこんだ。するとものすごい深紅色の像が眼前に浮かび、私が目を暗い入口から明るい板壁のほうへ転じたとき、この現象は、素地が暗いか明るいかに従って、半ば緑色、半ば深紅色に見えた。この現象の漸消ということに当時私はまだ注意しなかった。……その詳しい事情がどうなっているのかを今後研究する人々は、科学のためになおいくらか耐え忍べるような若々しい眼をもっていなければならないであろう。

（ゲーテ「色彩論」『ゲーテ全集14』木村直司訳、潮出版社、一九八〇年、三二五～三二六頁）

プリズムなどを通じた屈折や反射といった外的な物質を仲立ちにして現象する純粋に光学的・客観的な色としての「物理的色彩」や、光の影響を受けてものが色を発する状態におけるもの自体の固定的・内在的な色としての「化学的色彩」に比べて、きわめて移ろいやすく変幻自在の「生理的色彩」は、ゲーテ以前の科学者たちによって動揺的色彩・一時的色彩・想像的色彩・架空的色彩などと呼ばれ、まじめに科学の対象とはされなかった。それは主観的な色彩の認知であり、場合によっては眼病の前兆でもあるかのようにみなされ、本質的な客観現象として考慮されることがなかったのである。そうした人々の認識では、光が導く光学的現象としての色彩が客観的に定立されてはじめて、その対象との関係のなかで眼は色を知覚するにすぎなかったのである。

ところがゲーテの考えはちがっていた。彼はむしろ、眼による知覚が人間の感覚のなかに形成されるからこそ、私たちは客観界のなかに色というような対象を認知できる、と考えたのだ。色彩という現象の出発点に、眼の光と闇にたいする主体的な相関関係があることをゲーテは確信していた。だからゲーテは、視覚作用というもののまさにゆらぎを孕んだ変容状態、その潑剌とした変化の様相をとらえる「若々しい眼」を失わないでいることに情熱をもやした。ドイツの思想家ルドルフ・シュタイナーが『色彩論』に注記したように、ゲーテは「眼はみずからどれだけの色彩現象を呼び起こしうるか」をまず確定することによって、色彩という客観現象への総合的な科学を打ちたてようとしたのである。

こうしてゲーテは、科学的不確定性への情熱をつうじて、厳密な科学性の探究へと向かっていった。寝台車に眠った翌朝、暁光のなかで見た燭の火が黄色と橙色の後光に包まれてゆらめいているのを発見したゲーテは、これを「主観的暈」と名づけ、それがたっぷりと休息を与えられた眼のみずみずしい感受性に応じて現れる、「光と網膜との格闘」によって生じる円形の波動に由来すると論じている。色彩現象を「格闘」というような語によって表現することで、ゲーテは人間の主観的な身体と物理的世界とのはざまにたち現れるエネルギッシュな揺らぎの場をかえって精確につかまえようとした。ゲーテは、つねに生き生きと運動する色彩の変化の相に注目し、その潑剌とした躍動の美しさを詩的な直観力によってとらえながら、それまで誰も考えもしなかった色彩現象の本質的な科学性・客観性の領域へと精緻な思考の歩みを進めていったのである。

⁂

「われわれ日本人は色といえばうつり変わるものとする感をつねにもちつづけていたようだ。しかも色彩の美しさは、そのうつり変わるところにあるとも感じていた」（「日本人と色」『本4　まなざし』一九頁）。

このように書く戸井田道三もまた、ゲーテに似て、色という現象が、純粋で固定的な物理的現象として定立するものではなく、不可思議な揺らぎを抱えた可変的で複雑な視覚作用の産物であることを見抜いている。さらに色は、戸井田にとってたんなる視覚現象にとどまらず、人間どうしの感情的・心理的距離や意識の相互作用を象徴的に指し示す重要な標識でもあった。一反の織物において、その柄や模様は着る人がなく見る人がいない場所に投げ出してあっても柄であり模様であるとわかるが、その着物の色つやといったものは、本来着る人、見る人との関連においてしか存在しない。人間相互の身体関係や感情のたゆたい自体を色があらわしていたのではないかとしながら、戸井田は、小野小町の有名な歌「花の色はうつりにけりないたづらにわが身よにふるながめせしまに」にかかわらせながらつぎのように述べている。

いろという言葉は色彩を意味する以前に、兄妹をいろせ、いろもといったように愛情あるいは近親関係の範囲をふくんだ心持ちをあらわしていたようだ。情人をいろというようになったのも、古い心意の伝承が、その言葉にまつわりついていたからであろう。色情という言葉もいろを通じて了解していた。つまりいろは客観的にある物の色彩の認識であるよりは、赤や青という色彩を一つ心のうつりゆきとしてとらえ、青や赤の上位概念として色を抽象したのではなかったろうか。……いろという色彩はない。花の色や葉の色があるだけである。しかし、それは光の明暗によって、また時間の推移によって変化する。昨日の花の色は今日の花の色ではない。だがいろという観念がなければ、そのうつろう色もわからない。このばあい「わが身」のうつろいと同一化したいろが考えられていたことに注意したい。

（「日本人と色」同書、一九頁、改行省略）

色という感覚が、光の加減や時間の推移によって色彩が変容する状態そのものを感受する、本質的に流動的な知覚であることを説く戸井田は、ゲーテの色彩論にきわめて近いところにいる。しかし、ゲーテがあくまで色を感受するときの人間の眼の生理的作用の揺らぎに焦点を合わせたのにたいし、戸井田は「いろ」とか「つや」とかいった知覚の言葉が使われる文脈に注意を払い、色彩の現象を言語化するときの人間の一定の性向を問題にすることによって、色というものの特異な認識論的位相をあきらかにしようとした。たとえば「文彩」などといった言い方で文章の色つやを感じるときの表現が存在していることの不思議を問いながら、戸井田は書いている。

> もともと論理は物が存在するようにあったのではなく、人がしゃべる具体的な言葉の中にこそあるのだった。抽象され、それを客観的にしてきたにすぎない。ロジックとレトリックは人のしゃべり言葉の中に統一されてある。統一しているのがしゃべる主体としての個々の人である。論理がしゃべる人なくしてある言葉だとすれば、レトリックはしゃべる人に依存している。人はしゃべる相手をロジックではなくレトリックにおいてみる。だからロジックには色つやはなく、レトリックをとおして

文章のつやや色を感じるのである。

（「日本人と色」同書、一七〜一八頁）

ここに述べられているように、色というものが論理的思考が形成されるのとはまったく別の認識論的地平においてとらえられることに、戸井田は深い関心をいだいていた。それは、個々の物体に付属する色彩のなかではなく、まさに「色」という言葉が成り立つときの認識の特異な位相のなかに、色をめぐる問題の本質を見ようとする深遠な発想だったといえる。

戸井田はこの問題をまた、ロジック（論理）とレトリック（修辞）の対比のなかで見ようとする。戸井田のいうロジックとは、いわば図柄や模様のようなものである。それは明確な輪郭をそなえ、形をもち、抽象的な思考によって構造としてとりだすことができる。一方レトリックとは逆に、図柄や模様の背後にある「地」をあらわしている。模様のほうに注意を集中したとき、私たちの知覚はその背後にある地の存在をしばしば閑却してしまう。しかし、ある意味で模様が模様として成り立つのは、地が模様の輪郭をくっきりと画しているからであるともいえる。白地に黒い墨で字を書く場合はいかにも文字という図柄がなにもない空白のなかに生まれでたという印象が強いが、黒い地紙の中央を文字のかたちにくり抜いた場合を想像してみよう。するとそこで図柄と見えたものはじつは空白（無）であり、むしろ模様を生み出している真の要素は（つまり私たちが見ているものは）黒い地紙そのものなのである。

レトリックとは、だからロジックを具体的な場で展開するときの「修辞」や「話術」の問題であると同時に、じつはロジック自体が成立するために不可欠な本質性をそなえていることになる。論理（ロジック）と文彩（レトリック）とは互いに対立し合いながら私たちの思考のなかに独立して存在するのではなく、一方が他方をみずからの内部に隠しもちながら結び合っている。そして、その補い合うダイナミックな関係として人間の認識そのもののメカニズムが働いていることを、ここで戸井田はいおうとしているのである。

「色がわかる」ということの意味は、まさにこの人間の認識の構造じたいが孕む複雑なメカニズムのなかにあるのだった。「色」がわかるときのわかり方とは、「かたち」がわかるときのわかり方と決定的にちがうものであることを示唆しながら、戸井田は水墨画というような単色の芸術がもつ深遠な意味についてこう書いている。

> 色がこの花の色、あの松の色でしかなかったら、どうして水墨画などがありうるであろうか。白紙に墨の濃淡で山や川や樹木を描いて、それ

> で十分それらが山であり川であり樹木であることがわかる。いや、それ以上のことがわかる。山や川や樹木がわかるのはかたちとしてわかるのであって、絵を見てわかるのが、この種の「わかる」であったら、何をかいたかわからない非具象絵画などはわかるはずがない。ところが、そのようなかたちにたよらない見方に変えれば誰にでもわかる。絵がわかるというのは、おそらく色彩だけではなく、色彩としてではないいろがわかるということにちがいない。言葉ではいえないもののためにこそ絵画という領域を人は開いてきたのだ。
>
> （「日本人と色」同書、二一〇頁）

ここで戸井田は「色彩としてではないいろ」という微妙な表現で、ロジカルな構造的理解とは別の「理解」への道筋が存在することを主張している。そうした理解の道筋は、色のついていない水墨画のなかに古来私たちが「いろ」を発見してきたことのなかに、はっきりと示されてきた。それはまた、白黒の写真や映像に現代の私たちが色をつけて見ているのと変わらない。それは、私たちが塗り絵のように個々の事物に認識の目によって色を塗っているというよりは、かたちとしてとらえられたモノクロームの映像がしめすロジカルな理解のかたちに重ねるようにして、レトリカルな理解の様式を「いろ」という感覚に託して召喚している、と考えたほうがいい。あるいはまた、能の世界で「花」とか「幽玄」とかいった言葉とならんで舞の美質をあらわす「イロエ」という言葉が意味しているのも、舞に「いろ」を添える、すなわち言葉にならず、かたちにも示すことのできない興趣を加える、ということであった。

だから「いろ」という知覚の重要性を再確認することは、かたちをとらえて言語化する論理的思考の限界を超え出てゆく可能性を見いだすことであった。言葉としてのロゴスの包囲網にかからない、無定形の認識の光彩としての「いろ」は、こうして戸井田の独創的な存在論と言語論とを結ぶ核心にある概念として浮上してくる。「いろ」というそれ自体は言葉でもある表現が、いわば言葉以前の知覚的深淵を孕んだものであることのなかに、戸井田は言語のダイナミックな運動性を強く意識していたのである。

＊＊＊

かたち―色、模様―地、論理(ロジック)―文彩(レトリック)といった対比として論じられた人間の認識や知覚の二つのレヴェルにおけるダイナミズムは、戸井田の著作のなかで、さまざまに喚起的な概念に言い換えられながら継続的に変奏されつづけた。ある文章では、戸井田はこの問題を「音」と「しじま」とのあいだの関係として、聴覚的な文脈のなかで論じ直している。

「無意識のデザイン」（『色とつやの日本文化』所収）というエッセイのなかで、西欧的な音楽のあり方を、戸井田は数学的と表現する。それは、対位法やカノンといった音楽形式のもつ構造的な数学性ではなく、むしろ西欧音楽が基礎に据えるオクターヴであるとかクロマティック・スケール（半音階）のような音高の測定概念自体が、精密な数学的計算によって成り立っているということであった。戸井田にとって、西欧音楽の美とはこうした数学的規則性に裏打ちされた形式美によって実現されるなにかであった。そしてまた西欧の近代絵画が、色彩と色彩の対比と分割の精密な計算（クロマティックスとは本来そうした色の収差の原理をあつかう「色彩学」のことであった）によって成立していたことも、おなじ認識方法の別のあらわれだった。

しかし一方、日本のふるさとの祭りの太鼓の音は計算された音楽ではない。それは、西欧的な意味で数学的な計算に基づいているのではなく、むしろ人間の身体そのものが感じる無意識の共鳴のようなものを、音として放出しているにすぎない。世界各地の民俗的な場で行われている音楽の特質が、音の高さやリズムの数学的規則性、あるいは音と音とのハーモニックな関係といった西欧の音楽的原理に支えられたものではなく、むしろ音色であるとかリズムの感情的な揺れであるとか、音のない時間すなわち沈黙のほうに込められた意味であるとか、そうした要素のほうに強く依存していることは、すでに民族音楽学が明らかにしてきた。その意味では、祭りの太鼓や笛のなつかしい音に胸のさわぐ思いをもつ私たちは、そうした楽器から出る物理的な「音」を聴いているというよりは、むしろ音と音とのあいだの沈黙を、さらにいえば音の背後からきこえてくる音以前の始原的な律動を感知している、というべきなのかもしれない。

持続する時間上に楔のように打たれる、深みを内蔵した音の経験……。フランスの科学哲学者ガストン・バシュラールならば「垂直の時」と呼んだであろう、この論理や言葉や計測をはばむ直覚的な経験のまぎれもない真実性について、戸井田はみずからの体験に即してこう語っている。

> 私は海岸の砂浜に腰をおろして、うちよせる波を眺めながら、いつも一種のなつかしさにおそわれる。波がしらがもりあがり、やがて白くくだけてうちよせてくる。耳をそばだてると、どどんざァーという音の強

弱のくりかえしである。そのどどんざァーという音がはてしなくつづいているある瞬間に音がとだえる。いや、とだえるのではないだろう。音は持続しているのだが、どどんと一度くだけてさァーと波うちぎわへきて、音もなく静かにひいてゆく。つぎの波がどどんとすでにくだけているのだが、その瞬間に音のとだえを感じるのだ。私は音のせぬ瞬間に永遠を感じ、それにひきこまれる。魂のおののきを自覚する。

（「日本人と色」同書、九七頁）

戸井田のこの文章に、尋常でない悲嘆と憧憬の感情が読みとれるとすれば、それはいうまでもなく、幼児から少年への移行期に母を失った彼の魂が、このとき無意識のうちに音と音との隙間に広がる無限に向かって、始原を呼ぶ叫び声をあげていたからにほかならない。戸井田にとって「しじま」は、「音」という存在の裏返しとして無音のはざまの始原を召喚することのできる特権的な瞬間であった。しじまの時において、通常の直線的な時間持続のロジックは断ち切られ、瞬間と永遠とがじかに接続されたのである。

そしてそのすいこまれるような瞬間とは、じつはすでに戸井田がくりかえし説いてきたあの、記憶の底から忘却の闇が立ち上がり、頭脳の背後から身体が復権してくる過程にみごとに対応するものだった。戸井田は、「色」「地」「文彩（レトリック）」「しじま」「忘れ」「身体」といった言葉を、まさにその言葉が言葉として生成するときのゆらめく時空間へと遡りながら、それらの言葉が孕む混沌の痕跡を頼りに、私という主体が世界とどのように結ばれることによって生きているのかを、いかなる思想家ともちがった直観力によってつかみ出そうとしていたのである。

⁂

戸井田のこうした独創的な方法は、すべて最後に一つのテーマへと収斂されていった。それが、「ことなった歴史」というテーマである。

戸井田は、古文書や歴史的文献などの史的資料によって再構成された正統の歴史にたいし、つねにある種の欠落感のようなものをいだきつづけていた。歴史が、客観的な歴史としてみずからを形成しようとすればするほど、その形成力の蔭で失われ、見えなくなってゆくものがあることを彼は見抜いていたからである。歴史学が、系譜とか因果関係とかいった言葉で説明しようとする客観的論理の道筋にたいして異をとなえる戸井田は、個人の経験や主観性のなかに現象する無数のことなった歴史の糸が、世界と呼ばれる布地を縫いつらぬいていることを確信していた。

それはいわば、かたちとして歴史を見る視点から、色として歴史を見る視点への転換だったともいえるだろう。民俗芸能や能狂言への一貫した関心は、まさにこうした芸能が示す身体的な感覚世界のなかに、色としての歴史が伝承されていることを戸井田が重視していたからにほかならなかった。『観阿弥と世阿弥』のむすびで、世阿弥が『花鏡』で説いた「離見の見」という秘伝について語りながら、戸井田はそれが抽象化された舞台上の技法にとどまるものではなく、演者の実際生活を貫く「現在」をつねに賦活しつづける駆動力でもあったことを主張している。そして能の演出が、ただ舞台で能をつくるだけではなく、一つの身体的な歴史をつくることでもあったとしながら、戸井田はこう書いている。

われわれ現在を生きるものも、生きることによってのほか、伝統を生かすことはできず、それが歴史をつくることにほかならない。身に習いおぼえて芸の主になるという主体性と、「離見の見」という客観主義とを、「してみてよきにつく」という柔軟な行為のうちに結合して生きた世阿弥の生きかたを継承することもまた伝統を生かすことにほかなるまい。

（「観阿弥と世阿弥」『本2　かたち』五四七頁）

主観の奥底に沈む記憶の残滓や、からだの芯が発するあやしい文化的疼痛のよって来たるところを微細な意識によって感知することをつうじて、ある特定の時代の個と個をつないでゆくような歴史のあり方。それを、戸井田は「主体的な歴史」と名づけようとしていた。そしてこの「主体的な歴史」に参加することが、結局生きることの内実そのものであることを、あるときから戸井田は信ずるようになっていった。日本各地を旅し、織物や民俗芸能の現場を訪ね歩いた戸井田は、だから通常のフィールドワーカーではなかった。民俗学者や歴史学者のように、外化した現象のなかになにかを探りあてようとする外在的な視線から、彼はまったく自由だったのである。戸井田は旅する彼の視線のありどころについてつぎのようにはっきりと書き記している。

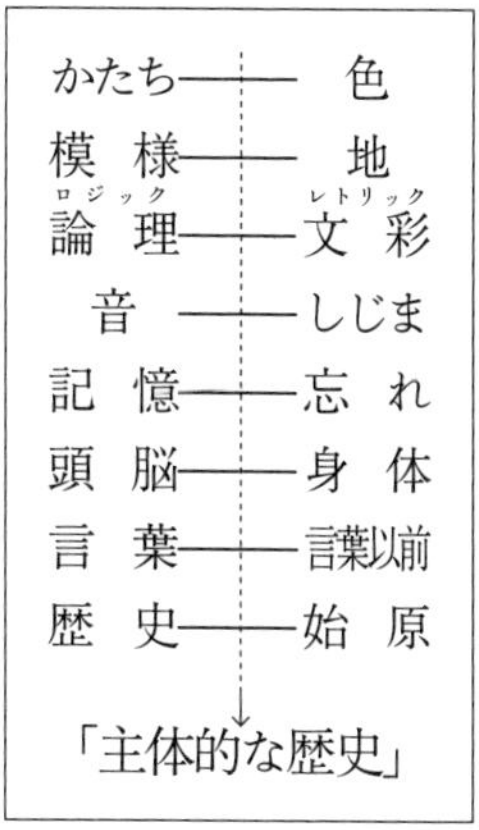

かたち	――	色
模様	――	地
論理（ロジック）	――	文彩（レトリック）
音	――	しじま
記憶	――	忘れ
頭脳	――	身体
言葉	――	言葉以前
歴史	――	始原

↓

「主体的な歴史」

自分が地方の歴史を紹介するの

は、はじめからできない相談であった。よく知らないから書けるので、知っていたら書けるものではないと、わかってくれるかたもあろうが、それを読者に期待するわけにはいかない。やむをえず歴史の客観性を外だけに求めないで、自分の内に探るという方法をとることにした。歴史を空間的な時間の遠近序列から解きはなし、私の内部にあって明滅する記憶の流れに変換してみることにつとめた。客観的な民俗現象が、それによって私の内部に移され、深層からめざめてくることを求めた。（『歴史と風土の旅』毎日新聞社、一九七三年、二五八頁）

この、事物に投げかけられる内在的な視線は、演繹や帰納といった論理的推論の階梯から自由になった「思いつき」のもつ創造性に支えられて、戸井田の仕事のなかで輝きを放ちつづけている。論理から離れて不意に出現するからこそ、かえって重要な意味をもちうる「思いつき」という名の直覚的な理解を駆使しながら、戸井田は彼の「主体的な歴史」があるときは旅の途上に、あるときは自宅での思索のたまゆらに、まさに忽然として現れだすのを幻視していたにちがいなかった。

戸井田は、自分の生のものさしで測られたもう一つの歴史の姿をそこに透視していた。そしてそこには、ふたたびゲーテの思想のこだまがよみとれる。ゲーテは科学の高次な客観性を、生々躍動する現象の混沌としたダイナミズムのなかに見ようとした。経験的現象が実験によって高められ、学的現象となり、それがさらに首尾一貫した論理によって証明されて純粋現象となる。その思考の道筋は、主体的経験と客観的科学とをともにつつみこむようにしてひろがっていた。だからこそ、ゲーテは色彩という現象の示す主体的で流動的な性格を、「色彩の昂進」という言葉ですくいとることによって、生々流転する科学と詩との交錯を誰よりも美しく精確に描きだすことができたのである。

このゲーテの言葉を借りれば、戸井田道三は、始原の深淵を内蔵しつつ生きそして死んでゆくおのれの身体の彼方に、「昂進する歴史」のまばゆい姿を追い求めていたのかもしれなかった。

7 はるかに、遠くへ

——旅に憧れること

生涯にわたって病弱のために、外出を控えねばならない時期が長かった戸井田道三にとって、病が小康状態にあるときにだけ許された「旅」は特別の意味を持つ出来事であった。体調や偶然の誘いなどの幸運に恵まれて実現した旅は、それ自体授けられた恩寵であり、彼にとって大いなる自己解放の機会となった。日々の、それ自体は充足している内省的思考からひとたび離れて旅という非日常を生きるとき、著述家としての戸井田の「自我」は、旅が与えてくれる恩寵をただつつましく受けとることのなかで解きほぐされ、風景のなかにやわらかく溶解していったように見える。生涯を病とともに生きた者にとっての「旅」が、私たちの通常の旅の経験とこれほど異なった位相において体験されることの驚きを、私は戸井田の旅をめぐる文章にいつも感じてきたのである。

多くを望まない「謙虚な旅人」であること。これこそ、旅に出た戸井田の佇まいをひとことであらわす簡潔な表現であろう。そしてこの一見受け身とも思える謙虚さのなかにこそ、戸井田の旅の突出した自由さ、闊達さの根拠もあった。彼は、すべてを見なければならないという強迫観念から自由だった。そして、すべてを知らなければならないという専門的な抑圧からも自由だった。こうした自由さのために、かえってすっきりと通った一筋の糸のようなものが戸井田の旅の思考を縫い上げていることを知るとき、戸井田の「旅の哲学」の一途さとその深さに私は心動かされる。無自覚な生活者でいることはできないと私たちに教える戸井田の日常の哲学の裏面に、無自覚な旅人でいることもできないと告げる厳格な旅の哲学がたしかに存在するのである。

戸井田は旅する自分を「ただの旅行者」と呼ぶ。いや旅行者ですらないかもしれない、と。なぜなら、病弱なために急な石段をのぼることもできず、長い道を歩くこともできないからである。車で行くことのできる範囲を、すらすらと表面をなでて通り過ぎるにすぎない。だからほとんどなにもわかってはいない。けれど不思議なことに、戸井田の旅は、この「ただの旅行者」が直感する土地や風土の「奇妙さ」や「魅力」だけを手がかりにして、一気に通常の思考の時空を超えてゆく独創性をもっている。堀内初太郎の写真集『国東半島』（一九七一年）によせた文章「国東半島紀行」は、まさにこの「ただの旅行者」のもつ直感の力、その連想の飛翔力、戸井田の言葉でいえば「遠望」の作法によって、国東半島を特徴づける石像文化の精華である国東塔や磨崖仏の存在の彼方にある、この土地の内奥に秘められた「奇妙な魅力」に迫ってゆく刺戟的なエッセイとなっている。

そこで戸井田は、「ただの旅行者」であることのささやかな矜持とともに、こう書いている。

ひとつひとつの対象に深く沈潜し、研究することだけが重要であるなら、私のようなうわっつらの観察者には発言の資格はない。けれど「初心忘るべからず」という調法な言葉が、私をすくいにかけつけてくれる。

もし、私が国東文化の専門家になったとして、そのときでもこの魅力をういういしく感じる能力があろうか、と自ら問うとき、あると断言する自信は、私にはない。私を以てひとをはかる不遜を許してもらえるなら、私はあえていいたい。私のかいなでの印象記が、研究者の初心をよみがえらせる効果をもつことだってありうるだろうと。

自分の体臭は自分にはわからない。それと同様で、そこに生まれ育って深く長く接してきた人びとに国東半島の体臭は、おそらくわからないだろう。旅行者としての私が、めざすところはそこなのだ。密着しすぎないこと。はじめて接したときの驚きや感じを、少し離れて見る自由な心の底に保存すること。

（戸井田道三「国東半島紀行」『国東半島』堀内初太郎（写真）、毎日新聞社、一九七一年、一五四頁）

簡潔で平易な言葉づかいながら、ここには戸井田の「旅の秘法」がまっすぐに語られている。対象に深く沈潜しすぎないこと。密着しすぎないこと。初心の驚きや素朴な感興を大切にし、モノや土地を少し離れて見る自由を守ること。それによって、他人の体臭が敏感に感じとれるように、感覚的に分かることがあること……。これは、病弱で研究者にも専門家にもなれなかったと自ら認める者の自己弁明のことばではない。むしろ、戸井田は、そのような「初心」と「遠望」による接近の仕方によってしか歴史を自らの身体意識のなかに総体として受けとめる方法はないと確信していた。歴史と呼ばれる綾織りの生地を、みずから彷徨する一本の針と糸のように縫いながら進みつつ、そこに織り込まれた「時」の複雑な組成を精緻に体感してゆくような旅。その針が縫い上げてゆく一点一点において、戸井田の書斎での「思索」と外界での「見聞」とが刺戟的に交差するのだった。

私は、戸井田の旅の、この秘儀的な「身体と思考の融合」とでも言うべきありようを自分でも実感しようと、戸井田の没後、彼の残した足跡を追うようにしてさまざまな旅を試みてきた。その足跡の即興的な揺れと自由さに瞬時に反応できるように、可能なかぎり独りで。それは戸井田道三という、脆弱な肉体のなかに苛烈な探求の精神を秘めた特異な「身体」のさまよいの軌跡と、その内面における心の豊かな振れを追体験する旅となった。さらにいえば、それは、私自身の身体を通じて、戸井田道三の身体と時をへだてた「共－接触」を果たそうとする試みでもあった。彼が閃きとともに歩いた場所を、おなじ想いをもっていま訪ね歩くことで、私は直線的な時間経過の壁を破り、戸井田の「憧れ歩く」身体そのものと現在においてするどく接触することができると確信していたのである。

たとえば、一九七〇年代の数年間に、都合五回も訪れるほど戸井田が執着した大分県の国東半島こそ、戸井田の影がいまだに徘徊する特別の土地だった。戸井田が書いた特筆すべき紀行文「国東半島紀行」に刻まれた足跡を数日かけてたどり直したのは、彼の旅が行われてから半世紀後のことである。五十年という時間の経過は、しかしそのような直線的な過去と現在のあいだの切断の感覚を私に少しも与えることはなかった。むしろ戸井田が旅のなかで対面している「歴史」というものが、いかに「現在のもの」としてつねに受けとめられていたかを、私は強く実感することになったのである。その点で、私が見た国東の風景とは、それが「現在の歴史」として内化されたものであるかぎり、戸井田が見ていたものと寸分の違いもないものだった。私はそのような共－感覚のうながす親密さのなかで、戸井田の視線が不思議な魅力としてとらえた国東の風景のなかを彷徨ったのである。

戸井田は、豊後高田（ぶんごたかだ）から桂川の谷沿いを遡った田染蕗（たしぶふき）の奥まった山中にある富貴寺（ふきじ）を訪ね、国東では珍しいその茅葺きの方形の優美なお堂に感嘆している。内陣に安置された阿弥陀如来像もまた、堂の優美な佇まいとつりあうように、高貴な姿でしんとしずまっていた。その印象は、半世紀後にここを訪ねた私にとっても変わらない。戸井田は、山と谷によって幾重にも切断された風光のなかに六郷満山（ろくごうまんざん）と呼ばれる山岳信仰に根ざした古い寺々が点在し、鬼や天狗の伝承がひしめく国東半島の荒々しいともいうべき景観の一角に、これほどおだやかで優美な堂と仏像が大事に保存されてきたことに、不思議な魅力を感じとる。「同じ母胎から生まれて、今の残されたかたちのように、こちらをとまどいさせるほどの差をみせたのは、いかなる因縁によるのであろう」と戸井田は問いかけながら、半島全体を眺めわたしたときのこの魅力的な違和や雑然としたものの混在の自然なあり方こそが、国東なるものの深層に横たわっているものの核心ではないかと考える。そしてその不思議な魅力こそ、国東固有の風土すら超えて他の風土と通底する、過去と現在とを共時的に結ぶ私たちの共ー感覚の古層にほかならないことを実感してゆく。戸井田はこう示唆的に書いている。

> 一方は自然に融和し、風雪にたえながらも衰滅もまたよしとする姿勢を示し、一方は人工の美をもって小さい空間に宇宙を包摂しようとしているかのようだ。歴史の旅行者でもある私には、その両者の歴史の切断面にあらわれた飛躍が、奇妙な魅力というよりほかのいいようがないのである。
>
> （「国東半島紀行」同書、一七五頁。傍点引用者）

対象に接近しすぎず、掻い撫での印象記のようにも見える記述によって考えることは、じつはこの「歴史の旅行者」であるための必須の手続きなのであった。そのときの「歴史」とは通時的な因果律や体系の思考によってはつかまえられない重層的に干渉し合う時間の混合体であり、同時にその「歴史」とは過去のことではなく現在の旅人がそこに感知する、自らの内面と反響し合う共時的な身体、すなわち戸井田のいう「現在の歴史」の顕れのことにほかならなかった。

チラチラと雪が舞う東国東の成仏寺の前庭で、松明をもった鬼たちが乱舞する修正鬼会(しゅじょうおにえ)の空間へと旅の歩みを進めた戸井田は、庭火にあたりながら、日常的時間の不思議な変貌の感覚にとらわれる。熊野の磨崖仏の端正な顔容を静かに拝み、天念寺の鬼会の赤鬼・黒鬼が舞うときの荒々しくも懐かしい土のにおいに惹かれ、富貴寺の阿弥陀堂の高雅さに心動かされたのちにやってきた成仏寺で、彼はそれまでの旅が「今の一瞬のための道ゆきであった」という強い思いに囚われる。この「道ゆき」とは、日常時間の延長としての歴史において「古い」ものに巡り合う遡行的体験とは異なった、「いま」の内奥に潜んでいた非日常としての祭りの場への「空間的な接近」にほかならない。戸井田は「生命の全体的なものが、全体的なものにかさなる」のだ、と独特の言い方でこのときの特別の経験を語っている。それはつまり、富貴寺で感じとったあの小宇宙が、さらに本源的なかたちで、成仏寺の祭礼の庭火の空間に重なるようにしてふたたび現れたときの啓示なのである。出来事は、外界で起こっているという以上に、戸井田の内部において起こっている。しかもその内部とは、けっして個人的なものではなく、戸井田がいう「深層の歴史」と深く通底しているのである。戸井田はこう書いている。

鬼会の庭のもえさかる火が、逆に照らし出したことによって富貴寺がそのところをえて、私の中に全体感をもってかさなったのだ。……〔この全体的なものが魅力的に映るのは——引用者注〕鬼と介添たちが成仏寺の庭で輪をつくり、その中へ男女の村人たちがはいり、鬼のタイマツで祝福されるときのあの鬼と人間との特殊な融即を通してこそであろう。

（「国東半島紀行」同書、一七六～一七七頁、改行省略）

旅人としての戸井田の目が何を見ているかがするどく暗示される一文であろう。祭や儀礼の宗教的・民俗学的な意味を探ろうという観察者的な視点から離れて、彼は国東が与えてくれる不思議な魅力の全体的なありようを、自らの内に沈潜する「歴史」

の共−感覚のなかに探り、それを眼前の出来事や風景へとふたたび投影しているのである。そのとき、異人である鬼と、それを迎える村人たちは融即の関係のなかで一体化する。それはまさに「歴史」なるものがいまこの瞬間に創られてゆく、刺戟的な生成の過程を目撃し、体感することでもあった。すなわち彼の言う「道ゆき」とは、戸井田の現実の旅の繊細な動きのことでもあり、歴史の生成をそのつど発見するときの精妙な意識の運動のことでもあったのである。この啓示的な「道ゆき」の実感を得たとき、戸井田の旅は、彼の歴史への問いをめぐる深い思索と重なった。そして、戸井田の自在な「歴史の旅行者」としてのこの透徹した視線こそ、時系列的な思考に囚われたままの旧来の歴史学を刷新しようとする戸井田の隠された方法論だったのである。それは旅を通じて行われた戸井田の時間論であり、歴史哲学でもあったことになる。

＊＊＊

特異な時間感覚とならんで、戸井田は旅するときの空間感覚、とりわけ方向感覚にきわめて鋭敏な旅人だった。そのときの「方向感覚」とは、しかし磁石の方位によって示されるような地図的なものとは大きく異なっていた。実際、どこからかやってきて定住し、土着の習慣が長く続いたのちに、ふたたびそこから移動して居住地を変えるという先史的・歴史的経験が年月をかけてつくりあげた列島人の言語世界において、私たちが名指す「方角」とははじめから必ずしも磁石の方位のように物理的に正確なものではなかった。それは、人間のたえざる移動と居住の集合的な経験において、自らの来し方と行く末とをつねに想像するなかでおのずから発生する、「ここ」と「ここではない場所」との、多分に身体的・神話的・伝承的な移動感覚により深く根ざしていたのである。

地図的な東西南北の認識とはちがう、神話的でもあり共-感覚的でもある方位について考えるとき、柳田國男による卓抜な方言研究の一つ『西は何方(どっち)』(一九四八年)の一節が思い出される。蝶・蛾・桑の実・蛇・虹・蜘蛛・蟻といった、幼児期からの身体的経験をともなった日常語彙の、地方地方における呼び名の偏差について論じたこの著作のなかで、柳田は蝶や蛾の蛹(さなぎ)、とりわけ蚕の蛹のことが列島各地のさまざまな方言で「ニシドッチ」と呼ばれていることに注目している。これは、小児が蚕の蛹を指につかんだときに腰から上を左右に動かすのを見て「西はどっち」と言っては振り向かせて笑い興じていた遊戯から生まれた名であった。子供たち、いや親たちも含めて、列島人である私たちは、つままれた芋虫が身もだえしながらどちらかの方角を指すとき、それが東でも北でも南でもなく「西」であってほしい、そうあるべきだと無意識に願った。深い歴史的・神話的感覚のなかでそう願っていたのである。柳田はこう述べている。「この西が西方寂光浄土を意味していたことは、別にニシピッカリ等の名があるのを見ても察せられる。少なくとも人が西方に興味をもち、または西を愛慕する者の多かった時代に、この遊戯の創始せられたことは確かである」（柳田國男「西は何方」『柳田國男全集19』ちくま文庫、一九九〇年、二一六頁）。このときの「ニシ」は漠然とした方向ではあったが、磁石とはちがう精確さで、列島人の歴史的共－感覚の深層にただしく根ざしていたのである。

いうまでもなく、こうした西方浄土を特別視する民俗的な想像力のなかで伝承される方位とは、地図的なものでも磁石による物理学的なものでもない。ここで「西」とは、日常化された仏教的世界観のなかで、「西方はるかかなたにあるはずの蓮の花咲き乱れる安楽の極楽浄土」といった漠然とした信仰の方角を指しているにすぎない。「ニシ」という音とともに、私たちはそのような遠いはるかな空間にたいする集団的な心持ちを、日常の無意識の方向感覚のなかに沈めて生きてきたのである。さらにいえば、戸井田は「ニシ」への方向感覚の古層に、仏教的心意に先行する、おそらくは日没の方向と関係する、人間の死すべき彼方への観念が埋め込まれているのではないか、とも考えていた（『あとの祭り』）。いずれにしても、「ニシドッチ」という芋虫の名前のなかに、そのような重層化された共−感覚が無意識のうちに埋め込まれているのである。

人間と土地と観念との複雑な相互作用のなかで形成され伝承されてきた、このような漠然とした方向感覚を体内に携えて旅したのが、ほかでもない戸井田道三であった。精確な地図と、いまやＧＰＳ（全地球測位システム）によって完璧に座標化されたデータをもとに旅する現代からみれば、きわめて例外的な旅人である。そして戸井田の方向感覚をめぐる思索において、柳田のとりあげた「ニシ」にかわって特別の連想を誘いだす音こそ、「イズモ」（出雲）であり「アズミ」（安曇）であり「アズマ」（東）であった。

六十歳から六十五歳ごろまでのあいだ、健康に自信を得た戸井田は、島根県の出雲地方を四度も訪ねている。その旅の成果が、平凡社の「歴史と文学の旅」のシリーズの一冊として刊行された『出雲風土記』（一九七四年）であった。『古事記』や『風土記』の世界に長いあいだ沈潜し、「歴史」が自らの正統性を確立するために峻別した「神話」の意味をとらえ直し、歴史を遡ったところにある神話ではなく、歴史のかげにある神話を現在において可視化しようとした戸井田にとって、出雲およびその対岸の洋上に浮かぶ隠岐島（おきのしま）は、「国産み」や「国引き」の神話の舞台として列島文化を考えるための想像力の原点を提供する特別の場所であった。しかも『古事記』においてスサノヲノミコトが「妣（はは）の国」と呼んで慕った「根の国」の入り口が出雲にあったとする伝承は、戸井田の記憶の彼方にある実の母へのはるかな追慕の情をあるいは呼び覚ましたかもしれない。出雲を旅する戸井田はどこかで、六歳のときに失ったおぼろげな母の面影を風景の内外に訪ねようとする衝迫にうながされていたように、私には思われる。それはむろん私的な衝迫ではあったが、その「妣」への思いが古い列島人の心性そのものの遠い反映であると信ずることで、戸井田の巡礼は個人的な旅としてだけ終わることがなかったのである。

神話において語られる土地とは、そもそも、現実の地理的・地図的な空間認識によっては明確な像が結ばれない、茫漠とした場所である。『古事記』における神々の物語を、天上・地上・地下の三つの世界で起こった出来事として相互に関連づけて読もうとしても、そこにはつねに具体的な空間や土地に当てはめることができない矛盾や混乱が横たわっている。「神話的空想と地理的現実との混乱」（「出雲の神楽」『歴史と風土の旅』毎日新聞社、一九七三年、二八頁）、戸井田はひとまずそう呼んでいる。だがそれは本当は空間認識の「混乱」ではなく、いまの私たちが空間的なものを現実の地理的なものとして考えすぎることによる「混乱」にすぎない。神話において、「時間」の相が歴史的な通時性をもっていないのと同じく、神話の「空間」もまた地理的に画定できるものとして語られているわけではないのである。

『古事記』において、場所の感覚がきわめてあやふやであること。これこそ、私たちのもつ身体的な「方向感覚」のなかに無意識化された、漠然とした空間意識の証左であると戸井田は考える。そこから彼の「イズモ」という地名をめぐる特異な思索が生み出される。

一九六九年、長年想いつづけてきた出雲をはじめて訪ねたとき、機上から島根半島の独特の地形が見えてきた瞬間、戸井田は昂揚とともに「地図と同じだ」と反応した。すると後ろの席に座っていた若い女性が、やはり「あら、地図のとおりだわね」とつぶやく声が聞こえる。北に日本海、南に中海と宍道湖（しんじこ）をかかえて東へ美保関（みほのせき）の岬をつきだしているその横に長い半島は、当然ながら「地図に描かれたとおり」の姿をしていた。だがこの瞬間、戸井田は彼の感じた「地図どおり」という感覚が、北を上と決めてできあがった頭のなかの因習的な地図のかたちと符合したにすぎないことに思い当たり、はっとする。たとえば逆に出雲に向かって北から飛んできたときでも地図のとおりと感じるかどうか、戸井田は自信がもてなかった。

さらに一九七三年、ふたたびの出雲への旅の前に隠岐を訪ねたとき、隠岐ゆきの飛行機に乗った戸井田は、近くの席にいた老婆を「隠岐へ帰る」人だと勘違いしてしまう。さらに隣にいた男性も、こんどは戸井田のことを隠岐へ帰る人だと思いちがいをしていることに気づく。自分が隠岐へ「ゆく」人間であるとき、人はしばしば相手をその視点から対象化し、彼らの佇まいや年齢などから安易に想像をはたらかせているのである。戸井田は土地や風土における方向感覚を考えるときのこうした因習的な思考にたいする自戒を込めて、こう書いている。

自分がゆくというばあい中央からの視点にかさねて自分のゆく方向を見ているのさえ意識していない。そのうえ地図の北を上方ときめてしまっている。文化史的にものを考えるときその時代に生きた人たちの方向感覚というか、方向についての共同的な無意識というか、そういうものを思慮のそとにおくことは、まちがいのもとになるのではないか、と思われた。

後鳥羽院が京都から隠岐へ流されることになったとき、どんな方向感覚で出雲の方を見たであろうか。私には興味のある問題であった。それはまず鬼の住む丹波のさき、八雲立つ出雲のまださき、海上はるかな島と考えていたのであろう。はるかな遠さという感じは、ただ幾百キロという距離の長さを考えるのとはちがう。さきがぼーとかすんでわからない感じである。それは遠い母の国とか、あるいは海の向こうの蓬萊の島とか、死んでいく海のかなたの別の世界という感じに似ている。

(『出雲風土記』平凡社、一九七四年、三五〜三六頁。傍点引用者)

「はるかな遠さ」という感覚は、けっしてあいまいで不確かな空間感覚ではない。それはむしろ、列島に住む人々が「共同的な無意識」においてとらえていた経験的で神話的でもある、独特の意味と指向性を持った精確な感受なのである。古い神々の宿る「出雲」を現代の地図的理解から解放し、歴史的理解のなかに神話的な想像力を組み込んでみたとき、出雲がなぜ「イズモ」と呼ばれることになったかの謎を解くヒントが戸井田には見えてくる。彼はつづけてこう書いている。

小松左京さんは、瀬戸内海から淀川水系を通り東海道へつながるメガロポリスが古くからの生産ベルトであるのに対し、出雲から丹波、伊勢へとぬける山岳山間をつらねた漠然たる領域は、いわば呪術的、といってわるければ原信仰的な、クロスベルトを形づくっているのではなかろうか、といっている（「探検の思想」）。たいへんおもしろい意見であって、魅力を感じずにいられない。もし、こういうベルトにそって、ゆくさきはるかな遠さを後鳥羽院が感じていたとするなら、出雲はたんなる地図上の国ではなかったろう。

イヅモは畿内の方から見て遠く漠然としたクニだったのではなかろうか。イヅモはアヅミあるいはアヅマと類似した言葉だったと考えたらふつごうだろうか。

（同書、三六頁。傍点引用者）

「はるかな遠さ」という表現を戸井田がくりかえし使っていることに注意しよう。この感覚こそ、出雲が大和の視線から見て「イズモ」と呼ばれた理由なのではないか。イズモと似たアズマもまた、はじめから方位としての「東」のことだったわけではない。ヤマトタケルの歌における「吾妻はや」も、アズマと呼ばれる土地が畿内から見てはるか東方にあったことを示すにすぎない。出雲神話でタケミナカタが逃げていく信州がアズミ（安曇）族のクニであり、三河にはアツミ（渥美）半島があり、伊豆にはアタミ（熱海）があって、アズミ族の勢力範囲の転変が想像される。こうしたはるかに遠いクニへの漠然とした、哀惜をもともなった距離感が、アズマとかアズミとかいった音のなかに宿っているのではないか。そもそも、畿内が列島の中心になるより前の、九州北部に先進的な王朝があった時代の視点からみたとき、出雲もまた「はるかに遠い」東のはてにあり、それがイズモという音と関連している可能性もある。こんな戸井田の連想の飛躍こそ、たんなる思いつきとは言えない深い神話的共−感覚にささえられているからこそ生まれたものだった。

出雲に来て、その風景をひとつひとつ確かめながら、「イズモ」という呪音の周囲を巡り歩くこと。そこに戸井田独自の認識地図が現れる。それは、歴史の影にある神話を追い求めるための旅人の心のよりどころでもあり、妣のクニを求めてさまようスサノヲ＝戸井田の、懐かしさにいろどられた心象でもあった。

> がんらい旅をするというのは、わかりきった地図のうえを移動することではなく、「はるかな遠く」へゆく漠然とした感情にとらえられるためのおこないでもあった。
> （同書、三九頁）

戸井田はこう書いて、彼の「旅の哲学」の核心を定義づけている。しかも重要なのは、この「はるかな遠く」とは、けっして単一中心的な主体から見た方角ではない、ということであろう。それは、どこの誰もが、自分を中心とした視点だけに終わらない多中心的・主客混淆的な場から見た「はるけさ」「遠さ」のことであった。そして、その漠然とした想いが土地土地の人々の視点によって交錯し反響することで深層の「歴史」なるものは動いてきた。そのような確信が戸井田のなかにあったように、私には思われる。そのことを示唆するこんな指摘も重要である。

出雲を特別な感じで、はるかに遠く大和の方から見ていたとしても、出雲人は自分の住むところを漠然と考えていたわけではないであろう。しかし、スサノヲが青山を枯山となすほど泣いて妣（はは）の国を恋しがったというのが出雲であったとすれば、出雲人もまた海の彼方にはるかな思いをよせて漠然とした異域を夢みていたのではなかったろうか。

（同書、四〇頁。傍点引用者）

戸井田の旅には、どこかにかならず、この交錯する「はるかな思い」が投影されている。それは神話への、歴史への、そして自らの肉親への深い思いをたえず呼び出し、旅する彼の身体と意識とをやわらかく結び合わせていた。地図を超えて、はるか遠くまで「憧れ歩く」彼の魂の、至上の道行きである。

⁂

「旅」とは戸井田にとって、第一義的に、見知らぬ土地へ赴くことであった。そして知らないがゆえのたよりなさや驚きを梃子に、習慣的な生活のなかでこびりついた思考や感情の錆を洗い流す行為であった。だが、旅先ではしばしば不思議なことが起こる。未知の風景が目の前にあるのに、なぜかそれを「知っている」と感じ、不思議な懐かしさにとらわれることがあるからである。戸井田は、こうしたときの「風景」は、けっして客観的な存在として誰にでもおなじように見えているわけではない、と考えた。しかし、ひとりひとりがまったく別のものを見ているのでは「風景」という言葉も成り立たない。だから、風景の像が見る者の受けとめによって違っていても、どこかに「共同性」の支えがあることで、風景は根拠をもつ。この共同性こそが、未知の風景に旅人が感じとる、あの懐かしさの感覚と深くかかわっているのであろう。戸井田は、「個人として、その共同的なささえを求めるところに風景があらわれる」（「旅の記憶」〔「日本人と色」所収〕『本4 まなざし』四二頁）と書いて、観光という世俗化された制度によって消費されるだけの、いわゆる絵はがき的な見かけの「景色」とは位相のことなった、はるかに深く、共同体の生の営みに根をもった歴史的・集合的な景観としての「風景」のありように注目している。

この風景は、見知らぬ土地に誘われるようにしてやってきたひとりの旅人が、自分自身の無意識に沈められた歴史的な「共同性」との繋がりを、外の風景として発見するときに立ち現れるような何かである。戸井田はこう書いている。

> 旅に出ることとは、ひとりになることである。そのひとりが共同的な何かを恋い慕うところに風景があらわれる。だから風景はあらかじめ彼の内にあるものを外に見ることらしい。（同書、四二頁。傍点引用者）

この点で、出雲大社から山に入り、島根半島の北端の小さな漁村に抜けたときの戸井田の回想は興味深い。集落の家々の屋根の上まで水があふれそうに水平線が高く見える、そんな小さな漁村の道を海へ向かって降りていったとき、不意に「あれがやってきた」という思いにひたされる出来事があったのである。水の中にいるわけではないのに、水との親和性を身体の深みで感じること。このときの名づけられない「あれ」という感覚。言葉以前の深淵から不意に来訪する、「あれ」としか言えないもの。戸井田はそれを、母の胎内の羊水に浮かんでいた前-言語的な記憶の痕跡ではないか、と考える。それは、まさに「思いにひたる」というような表現が存在することにも表われており、水の風景が私たちに特別の懐かしさをもって迫るのは、そこに人間の胎児期の原初体験が共有されているからではないか。戸井田は、旅に出てある風景を嘆賞するとき、それが「なつかしい」のは、「言葉以前の漠然とした何か」が眼前の風景としておのずからかたちをとって現れるからにちがいない、と考えたのである(同書、四三~四四頁)。

そのように考えたとき、戸井田の「旅」とは「言葉以前」へとさかのぼってゆくなつかしい道行きでもあったことが了解されてくる。この「言葉以前」の領域を旅の道行きのなかで体感しようと、私も彼の旅の軌跡を追うように、列島のあちこちを彷徨い歩いた。二度ほど、生前の戸井田を旅に誘いだしたこともあった。一度は、戸井田七十一歳の年の四月に行われた諏訪大社の御柱祭であり、切り出された樅の巨木に曳き子が乗って急坂を滑り落ちるように下る「木落し」の行事に沸く大社近くの茶店で、戸井田はじつに幸せそうな表情を浮かべながら、この古い神事の、御左口神（ミシャグジ）や狩猟神にかかわる信仰に投影された「言葉以前」への思いを反芻しているようだった。もう一度は、霜月の底冷えのする奥三河の山奥の集落で鬼が舞い翁が語る古い神楽「花祭」への旅である。夜通し行われるこの祭礼でも、沸騰する大釜が据えられた祭場の一隅にゆったりと座り込み、登場してくる荒ぶる鬼たちや柔和な翁と、前―言語とでもいうべき裡なることばで語り合う風情の戸井田の姿を、私はまるで祭の精そのものの出現でもあるかのようにまぶしく見ていたのだった。

　戸井田の能をめぐる洞察を民俗芸能のなかに確かめるようなつもりで出かけた、薄墨桜が咲き初める岐阜の根尾谷を遡ったところにある能郷白山神社の能。猿楽能の古形を残すといわれるこの能舞台で舞う翁と三番叟（さんばそう）の白と黒の仮面を見ながら、能面の表情の奥底に言葉以前の信仰の依り代を見ようとした戸井田のことを私は思いつづけた。博多湾を船で渡って志賀島（しかのしま）を訪ねた私は、戸井田が『鹿と海』（一九七七年）のなかで夢想した「海を渡る鹿」のイメージに憑依するようにして島をめぐり、弘（ひろ）という海人（アマ）の集落の小高い丘にのぼった。そしてこの小さな港に集う舟と、玄界灘の彼方へとつながる海のきらめきを眺めながら、ワタツミ神への信仰によって結ばれた海と港の複雑な連絡のありかたに、地図的想像力を超える海の道が忽然と現れる夢想に浸っていたこともあった。

そして沖縄。久高島で十二年に一度行われる神女の祭礼イザイホーを見にはるばる久高島までやってきた戸井田が、厳粛な祭の庭で舞う一匹の黒い蝶に神霊の飛来を直感して「あれ」と呼んだその深い共ー感覚を、私は奄美や沖縄の御嶽や祭礼の場に飛び交う蝶の姿のなかに探し求めた。あるいは、芭蕉布の里、大宜味村の喜如嘉を訪ねた私は、戸井田も親しく交わった染色家、平良敏子さんの工房のめぐりにある美しい糸芭蕉の林の緑陰のなかで、言葉にならない無時間をすごした。かつて同じ場所に何度もやって来た戸井田が、あるとき、芭蕉布を織りつづけてきた老婆たちが交わす、意味は分からない土地ことばに触れて、その抑揚ある音の美しさに、「はるばるやって来て、この一場面に接したことは、私の一生にとってどんなに重い経験であるかはかりしれない」（「染と織」『本2　かたち』一四七頁）と書いたこと。表面的な意味を超えたところに横たわる「ことば」の生命、いや「言葉以前」という生命体のなつかしさが、「この一場面」に凝縮されている。それを体感することこそ、旅する戸井田が土地土地で受けとめていた究極の恩寵ではなかったか、と私はあらためて芭蕉の林の傍らを歩きながら思ったのである。

戸井田道三にとっての「歴史」とは、実証的な歴史学における時系列的な「史実」の積み重ねだけではけっして到達できない世界だった。それは、あいまいとも映る〈身体の深層〉からのめざめの声によってはじめて発見されるものであった。「歴史を空間的な時間の遠近序列から解きはなし、私の内部にあって明滅する記憶の流れに変換してみること」、そして「客観的な民俗現象が、それによって私の内部に移され、深層からめざめてくる」のをうながすこと（『歴史と風土の旅』二五八頁）、と戸井田が書いたのは、そのことである。この深層に横たわる「歴史」は、自分自身の内部に移された一つの「歴史」の姿として、「史実」という専門化された構築物とはちがった意味で、より深遠な「客観性」を持つものであるとさえ戸井田は考えたのである。そしてこの内部化された「歴史」に触れるためにこそ、「旅」は彼にとって欠かすことのできない手続きにほかならなかった。

すでにみてきたように、戸井田が旅先での経験をつうじての刹那のひらめきにたいしてしばしば使う「あれ」としか言いようのない無意識の了解、どこからか来訪する謎めいた啓示的直感こそ、私たちの深層に流れる集合的な歴史が一個の人間の身体に記憶されていることの証であった。「私の内部に移されたひとつの歴史」（同書、二五八頁）と戸井田が書くものこそ、学問的・観念的な用語によってすくいとることのできない、不定形の、揺らぎをもった真実として、旅する戸井田が追い求めつづけたものであった。

その真実は、「はるかに、遠くへ」と旅することで彼のもとに近づいてきた。だからこそ、彼は脆弱な身体を抱え、その弱さを深く意識しながらも、そのからだを鼓舞し、はるか下北へと、能登へと、出雲や隠岐へと、国東半島へと、トカラ列島悪石島へと、そして沖縄から八重山群島へと、列島を縦横に移動しながらおどろくべき果敢な旅をつづけたのだった。だがその旅は、いうまでもなく、地理的な「遠さ」の彼方へと赴くものだった。戸井田の言う「はるかに、遠くへ」とは、空間の遠近を超えて、自分というものの内部に堆積する時間のひだをはるか永遠にまで掘り下げてゆく探求の行為にかかわるものだったからである。茫漠たる過去と未来がせめぎ合いながら去来する、夢幻の場への道行きを、彼は深く憧憬していたのである。

＊＊＊

「はるかに、遠く」へと赴くことは、その旅の道程で、無意識の奥底に沈められていた「共同性の記憶」を自らの身体の内に発見するためであった。だがこの外に向けて憧れ出てゆく旅の力とつり合うように、戸井田は「はるかに、遠く」からやって来るモノにも惹かれつづけた。外部から定住者の側に向けて来訪するこうしたモノたちもまた、人間社会の隠された「共同性」の深部に横たわる秘密を握っていたからである。

戸井田が旅に誘われる重要な理由は、まさにここにあった。すなわち、私たちの住む共同体に外から来訪するモノや異人たちを求めて、戸井田は日常性の彼岸への旅をくり返したのである。それらの異人たちは、この列島では鬼や来訪神の姿をとって現れることが多く、したがって戸井田の旅は黒川能の鬼や修羅たちを見つめ、花祭の鬼や翁に出会い、悪石島の異形の来訪神ボゼを目撃し、さらには国東半島の修正鬼会(しゅじょうおにえ)の鬼たちに深い無意識によって触れるような巡礼の旅となった。

だがここには不思議な二重性がある。たしかに戸井田は、列島各地を旅することによって、さまざまな来訪神や異人たちの発する気配を体験しようとした。そのとき戸井田は、見知らぬ土地に出かけた旅人として、村から見ればよそ者の一人だった。そしてそのよそ者にしか見えない(語れない)と彼が信ずる、風土のなかに隠された秘密を、自らの身体的共同意識の底からとりだそうとした。けれども同時に、旅する戸井田は、神や異人を村落の内側にいて迎える村人たちの心意に可能なかぎり入り込み、村人の一人となって、外部世界から来訪するモノの、ときに神聖でときに荒ぶる感触を、村人の視線にまわりこみながら実感しようとした。ここで彼は、「非土着のネイティヴ」としての立場に立っており、彼の「旅人性」は「村人性」のなかに、少なくとも想像力のレヴェルでは溶解することになった。戸井田の旅をめぐる文章のほとんどは、旅人であることと居住者であることのはざまにおいて書かれており、いわば旅とは戸井田の思索のための永遠の通過儀礼、この両極の存在のあいだの終わることなき往還のための通路であったと言うこともできるだろう。戸井田の言う「道ゆき」の意識とは、この旅と居住のあいだの果てなき往還のことを指すのかもしれない。

さらに戸井田は、暦の移り行きとともに共同体に来訪する神や異人たちが、しばしばこの世とあの世とのあいだに渡された「通路」を通ってやってくることに特別の関心を抱いていた。そしてその通路は現実的にもまた比喩的にも、集落の外縁にある「橋」というかたちをとることが多かった。旅する戸井田の視線は、しばしば橋に引き寄せられている。

いうまでもなく、橋は川の両岸をむすぶものである。だがより深い民俗的な世界観からみれば、それは現実の村落共同体のはずれ（村境）を画する川にかかる橋をその意味の本質とするものであった。だから橋はつねに、村から出てゆく者たち（死者であることも多い）を見送り、外から入ってくる神や異人を迎え、あるいは外部からの疫病を祓い、害虫を送る祭事の場となってきた。盆の精霊棚やナスやキュウリの馬を流すのも村境の橋のたもとだった。

戸井田は『能芸論』のなかで次のように書いて、こうした村落共同体における「橋」の境界的・象徴的な意味が、そのまま能舞台において、本舞台に現れる役者の登場や退場の通路となる、微妙な傾斜のついた廊下状の「橋懸かり」という構造を、ただしく映し出していることを鋭敏に見抜いている。

端にあるから橋だといえばゴロあわせのようでおかしいが、たいていの橋は町や村落のはずれにあって、正月の年神様がやって来るのもこの橋を渡ってなら、おぼんの精霊を流すのもまたこの橋のところからであった。箸・橋・柱・端・梯子のハシはみんな語源を同じくして、異質の世界を仲介する意味があったようである。村人達にとって橋の外はすなわちよその世界であって、橋はそれへのはし渡しであった。能舞台が村落としてのシマであったとすれば神々は楽屋という異質の世界から橋を渡って祭りの庭へ来臨しなければならなかったのである。

（「能芸論」『本2　かたち』二七七頁）

このように、旅する戸井田の「橋」にたいする関心は、まっすぐに彼の能舞台の構造をめぐる思索と直結していた。しかも能舞台における「橋懸かり」は、たんに役者の入場や退場のための物理的な通路というだけではない。それは時間的にも空間的にもはるかに長い道程を旅してきた主人公（シテ）の物語における境遇を、ただそこを歩むだけで深く表現するための、演劇的な表現の場でもあった。シテの亡霊が現れては消えてゆくのも「橋懸かり」であり、あの世とこの世を結ぶのもこの「橋懸かり」なのである。

さらにいえば、『古事記』のイザナギ・イザナミ両神による国産み神話における「天浮橋（あめのうきはし）」こそ、アメ（天）とクニ（国）とを媒介する起源の場となる橋であることにも戸井田は注目していた。上下に架かる梯＝橋から二神が沼矛（ぬぼこ）をさしおろして鹽（しお）をこおろこおろとかきなしたという神話的イメージは、地上における故郷と異郷とのあいだの思いをつなぐ水平的な橋のイメージの変異であり、人々が自らの起源を思考するときにいかに「橋」のイメージが重要であったかを物語っている、と戸井田は『日本の石橋』（一九七八年）で書いている。戸井田が、長崎や熊本、大分など、九州地方を中心にいまも数多く残る、江戸後期に建造されたアーチ型の石橋を訪ね歩いたのちに書いた、山口祐造との共著『日本の石橋』は、現実の石橋群を九州に訪ねて旅しながら、戸井田がつねに『古事記』や能における橋の現れ方を旅先で想像していたという事実を物語っている。

そんな戸井田が、つねに脳裏で反芻していたのが、能の演目の一つである「石橋（しゃっきょう）」であった。「石橋」は十五世紀中ごろには能に仕立てられたものと考えられる戯曲であるが、それは、寂昭（じゃくしょう）法師（ワキ）が入唐して清涼山に至り、石橋のところで文殊菩薩の使いである獅子（後ジテ）が牡丹に遊び戯れるさまを見る、という物語である。石橋の向こうは文殊の浄土である。深い谷に架かる苔むした細長い橋は、ふつうの人には渡れないものとされ、法師は渡れぬ彼岸に浄土を夢見、海の彼方に中国文化の輝きを重ね、心をあやしくかきたてられる。

戸井田も言うように、これは民衆の信仰が一つの空間構造に投影された物語であると考えられる。ニシドッチの芋虫を指先でもてあそびながら西方浄土への無意識の信仰を遊戯として反復してきた列島人の思惟は、ここでは橋をそうした空間意識を媒介する場としてイメージしながら、はるかな浄土への憧憬の思いを表明しているのである。戸井田はこうした思惟の構造を「信仰の空間設計」という卓抜な表現（『日本の石橋』平凡社カラー新書、九八頁）で見事に言いあてている。

日本の伝統的な集落においても、正月の年神様は村外れの橋を渡ってはるばるやってきた。盆の精霊は最後に橋から彼岸へと流されていった。猿楽能などの芸能者だけでなく、瞽女（ごぜ）や琵琶法師などの遊行の芸人たちもまた、神聖と卑賤のはざまの異世界から橋を渡って村々にやってきた。能「隅田川」などが物語るように、我が子を探して物狂いとなった母親が巫女に似た旅芸人として彷徨い来ることもあった。こうして、橋はつねに、共同体に異世界を媒介する意味をもった場であった。だがその異世界にこそ、人々が生きる「深層の歴史」を考えるための秘密の源泉がひそんでもいた。異界から日常へ。日常から異界へ。この往復運動こそ、戸井田道三の哲学が往還した、歴史を身体意識によって媒介する「旅」の舞台であった。『能芸論』のなかで、戸井田は能舞台の空間構成における「橋懸かり」と、能の起源にいる中世の遊行の徒を迎える村落共同体の「信仰の空間設計」の心意とが、いかに緊密に結びついているかについてこう刺戟的に論じている。

> 旅の神人達（芸能の徒）はなかば恐怖を以て、なかばは奇妙なあこがれ

ごころを以て村人達に迎えられたのである。その心理的な支持を祖神達の住む遠くはるかなる国の幻影が与えていたのであった。そして祭りの庭に芸能者が自分らの旅の感傷を道行きにうたいあげれば、土着の人々ははるかなる国から訪ねよって来る祖神達の思いをその中に見たのであろう。

このようにしてシマ〔村落――引用者注〕をあらわしている松羽目の吹きぬき舞台と、旅行をあらわす道行きとは結合されたのである。そしてはるかなるよそ国と現実の村落社会とを結びつけるものが橋であった。彼岸から此岸へ、橋がかりを渡って能の演者達は舞台に姿をあらわさなければならなかったのである。（「能芸論」『本2　かたち』二七五～二七六頁）

旅の者と土着の者、やって来るものと迎える者の深い心持ちが、旅をし、あるいは能を見る、戸井田自身のなかでまるで交差するようにして現れ、重なり合う気配をこうした文章から受けとめることはできないだろうか。畏れる心と憧れる心が、そこでは矛盾なく融合する。

そしてここにもまた「遠くはるかなる国」「はるかなるよそ国」という表現がくり

かえし登場することに、私はあらためて心ゆさぶられる。そのクニは、彼の憧憬の源泉なのであった。弱いからだを繊細な意識のなかで測りながら、神話や歴史のうながしの声に誘われて、はるかに遠く旅することを諦めなかった戸井田。異人たちのすむ彼岸の気配が現実に侵入する非日常の時と場を求めて、か細い呼吸をゆっくり整えながら東北へ、山陰へ、九州・沖縄へと何度も足を運んだ戸井田。すべては、彼が「国東半島紀行」で書いた、あの至福の「今の一瞬のための道ゆき」の感覚を体験するための、はるかな遠くへの旅だった。その「道ゆき」において、「生命の全体的なものが、全体的なものにかさなる」奇蹟のような瞬間に、戸井田は憧れつづけたのである。

身体の無意識が触れているもの、言葉以前が触れているもの。それこそ、戸井田の旅の往還をささえる力だった。戸井田の身体に、頭脳に、つねになにかがやって来る。「あれ」としか言いようのないなにかが。けれど、やって来たものはかならず帰ってゆく。橋懸かりをつたって現れる精霊が、ふたたび橋懸かりをたどって消えてゆくように。しかしだからこそ、能は終わらないのだ。能はこうして永遠と接続される。そして人間の生もおなじである。共同体から出て行った者がいつか帰って来、そしてまた出てゆく。はるかに遠く、憧れの心を人々にふりまきながら。それは、住むことと旅することとの往還のなかで生きる人間の、究極の実存の姿なのである。瞬間の「道ゆき」。永遠の「道ゆき」。

戸井田はそれらをともに信じていた。そしてそうであれば、戸井田の「旅」も終わることはない。

あとがき

戸井田道三は、私の「はじまりの師」でした。十代半ば、いまだほんとうの〈世界〉も知らず、いのちの修練を始めたばかりのひとりの無垢な少年。そのような私にとって、戸井田道三という、実年齢よりはるかに老人めいた佇まいをもった存在の、しかし外見を裏切るようないきいきした表情と陰翳ある言葉の奔流は、まったくの未知の体験として、私のなかに芽生えはじめた知的探求心を根底から刺戟する力を持っていました。近所に住んでいた、という理由で偶然の知己を得て家を訪ねるようになった私にとって、学校という制度の外部にこのような自発的な師を得たことは、生涯の僥倖というべきでしょう。教えと学びの交換が、システム化された公教育のなかに閉じられてしまった現代。そんないま、民間の賢者としての戸井田道三の生きた軌跡、そこから生まれた思想、そしてなによりその存在が発する魅力的な佇まいを、二人の始まりの出会いから半世紀がたって、未知の読者に向けて媒介できることは、なにより大切なことに思われます。私がいま伝えておかねば、二十世紀の波乱に満ちた約八十年を純粋に生き抜いたこの闊達な民間学者の存在と、その不定形で魅力的な知のありようを、これからの世代が継承することはできないのではないか。そんな思いこそ、私に本書を書かせた原動力でした。

生まれつき病弱で、脆い身体のはずなのに、いつも不思議な力強さにあふれている……。戸井田道三という存在の発散するこの強さは、そのまま彼の思想の強さと通じ合っていました。強さ、といいましたが、それは弱さの対極にある強さ、つまり人に力で勝ったり、勝負事に決着をつけたりする強さではありません。それは、あえていえば自分の弱さをよく知ったものの強さ、柔軟でしなやかな強さ、風が吹けば倒れる草木が、風が止めばふたたびすっくと立ち上がるような、靭性(じんせい)とでもいうべき、あきらめることのない根気の力でした。そうした謙虚でしなやかな強さは、ときに、自らを権力を持った強者として任ずる者たちの手前勝手な論理や、彼らが作り上げた搾取的な社会制度にたいし、思いがけない根底的批判力をもつことがありました。民俗能を真正面から論じるときも、衣食住をめぐる日常哲学を語るときも、民俗現象の謎に分け入るときも、国文学や歴史学の未踏領域に踏み込んでゆくときも、そのような厳格な批判力がどこかで働いていることに読者もきっと気づくことでしょう。

この思想的批判力は、戸井田道三という生身の存在の発散するおおらかな楽天主義と響き合っていました。内向きの社会的停滞と「生きづらさ」と言われるものに満ちた現代社会から見たとき、この楽天主義ほど印象的なものはありません。おおらかでつねに前向き、ものごとの明るい側面に希望を託し、人間を深いところで信頼する、この闊達さ、自由さとはどこから来るのか？　私はいつも、彼と語り合いながら自らに問いつづけました。答えはすぐには出てこないのですが、そんなことを考えているうちに、彼の楽天主義、自由闊達さが自然に私に乗り移り、私もまた笑顔で生き生きと日々を過ごしていることに気づくのです。このしなやかな包容力、この破格の浸透力こそ、戸井田道三という賢者がもつ秘法だったのかもしれません。

　戸井田道三ほど、度重なる病気で命を失いかけ、奇蹟的に生還しては、その体験を思索の糧にした人は稀でしょう。死に直面した分だけ、彼の生にたいする思索も深みを増したのです。しかも彼は、生涯にわたる病との闘いを自分という個の運命として背負い込まない、という姿勢において際立っていました。そこには、敢然たる自己放棄があり、それこそが命を何度も失いかけているものの強靭さ、快活さの源だったのです。だからこそ、彼の哲学は「個」の問題を、普遍的な「方法」へと転化する力を持ちました。年をとって不可避に訪れる「忘れ」も「死」も、本書で論じたように、戸井田にとっては、思考するための深淵なテーマであり方法論的なエネルギー以外の何ものでもありませんでした。自らの日々の個人的受難とも思える境遇を、普遍的な歴史のなかにおかれた人間共有の問いとして捉え直すこと。この独創的な「転位の思考」によって、戸井田の思想はだれとも似ていない、唯一無二の魅力をもつことになったのです。

　戸井田道三が教えてくれたこと。ひとことで言えば、それは「言葉以前」という、人間の身体における無意識領域の重要性です。脆弱な身体を抱え、それを繊細に感じながら生きることをつうじて、彼はこの無意識領域が人間の意識と身体を結んではたらいていることを確信したのです。そして、身体に刻まれた深層の記憶領域に降りてゆくことで、人は文字記録と言語的な再構築によってつくられた公の「歴史」と呼ばれるものとは違う、主体的な「いま」を貫いている「深層の歴史」に出逢うことができる、と戸井田は説きつづけました。それは、独創的な「歴史学批判」の実践として、彼の思想を貫いています。

歴史の動きを、私たちはもっぱら「進歩」とか「反動」とか「衰退」とかいった時間の流れとしてとらえてきました。けれど、そうした流れの速度は時計で測れるような一定のものではもちろんありませんでした。いくつもの異なった流れが伏在し、衝突し、時間を超えて「いま」を生きる私たちのなかに漣を送り込んでいました。戸井田が主張しつづけたように、歴史とはいつも、誰にとっても「現在の歴史」なのです。にもかかわらず、前に起こった出来事が、つねに後にくる出来事を説明する、と歴史学が考えることは危ない冒険でした。歴史の前後関係や因果関係を、単一で直線的な時間の軸の上で考えるだけでは、とても大切なことが見逃されてしまうのではないか。

これが戸井田を、書かれた歴史の及ばない「言葉以前」の領域へと赴かせた根源的な問いだったのです。本書は、このテーマに焦点を当てながら、彼の著作の全体から見えてくる深遠なヴィジョンに迫ろうとしたものです。

戸井田は、人間の歴史の深層には「涙の川」のようなものが流れている、と考えていました。この涙は、民衆が被った苦難の歴史をただ意味しているわけではありません。苦難の影には悦びもあり、ささやかな栄光も、つつましい幸せも、もちろんあったのです。辛いときも、そして嬉しいときも、人々は涙を流してきました。そういう、感情の歴史の総体としての「涙の川」です。

この歴史の深みに漣をたてながら流れ、ときに淀む「涙の川」。私たちが、いつくしみ、たたかいながら生きる「現在の歴史」でもあるもの。戸井田は、この涙川の底をさぐり、思考の「おもりを暗黒の闇におろしてみたら何を探りあてるであろうか」（『歴史と風土の旅』毎日新聞社、一九七三年、二五六頁）と書きながら、彼の探究の精神を暗示する詩句として、蕪村の印象的な一句を引いていました。

古井戸のくらきに落つる椿かな

涙川という深層の歴史に向かって掘られた古井戸の暗い深淵に、咲き終えた椿の深紅の花がはらりと落下してゆく。生を全うしたものにはじめて開示される人の世の真実を、戸井田道三はこの椿のような潔さとともに求めつづけたのです。

二〇二三年四月　うりずんの風わたる沖縄で

著者識

戸井田道三主要著作一覧

単著

『能芸論』伊藤書店、一九四八年（のちに勁草書房、一九六五年）
『日本人の演技』弘文堂、一九五九年
『祭りからの脱出』三一書房、一九六三年
『演技——生活のなかの表現行為』紀伊國屋新書、一九六三年（のちに精選復刻紀伊國屋新書、一九九四年）
『能——神と乞食の芸術』毎日新聞社、一九六四年（のちにせりか書房、一九七二年）
『きものの思想——えりやたもとがものをいう』毎日新聞社、一九六八年
『観阿弥と世阿弥』岩波新書、一九六九年（のちに岩波同時代ライブラリー、一九九四年）
『幕なしの思考』伝統と現代社、一九七一年
『歴史と風土の旅——みかんと猿田彦』毎日新聞社、一九七三年
『狂言——落魄した神々の変貌』平凡社、一九七三年（のちに平凡社ライブラリー、一九九七年）
『出雲風土記』平凡社（歴史と文学の旅）、一九七四年
『鹿と海——歴史の深層紀行』毎日新聞社、一九七七年
『生きることに○×はない』ポプラ社（のびのび人生論）、一九七八年（のちに新泉社、二〇二二年）
『日本人の神さま』筑摩書房（ちくま少年図書館　歴史の本）、一九八〇年（のちにちくま文庫、一九九六年）
『劇場の廊下で』麥秋社、一九八一年
『まんじゅうこわい——落語の世界』筑摩書房（ちくま少年図書館　社会の本）、一九八三年

『忘れの構造』筑摩書房、一九八四年（のちにちくま文庫、一九八七年）
『色とつやの日本文化』筑摩書房、一九八六年
『あとの祭り――オノコロ列島深層紀行』河出書房新社、一九八六年
『続 劇場の廊下で』麥秋社、一九八七年
『食べることの思想』筑摩書房、一九八八年
『戸井田道三の本1 こころ』今福龍太編、筑摩書房、一九九三年
『戸井田道三の本2 かたち』今福龍太編、筑摩書房、一九九三年
『戸井田道三の本3 みぶり』今福龍太編、筑摩書房、一九九三年
『戸井田道三の本4 まなざし』今福龍太編、筑摩書房、一九九三年

共著

『国東半島』堀内初太郎（写真）、毎日新聞社、一九七一年
『さくら百花』林弥栄、平凡社カラー新書、一九七五年
『能をたのしむ』増田正造、平凡社カラー新書、一九七六年
『能面――その世界の内と外』後藤淑、実業之日本社（有楽選書）、一九七七年
『日本の石橋』山口祐造、平凡社カラー新書、一九七八年（のちに平凡社カラー新書セレクション、一九九六年）
『眼鏡橋――榊晃弘写真集』榊晃弘（写真）、葦書房、一九八三年
『能楽ハンドブック』戸井田道三監修・小林保治編、三省堂、一九九三年（のちに改訂版、二〇〇〇年。第三版、二〇〇八年）

初出一覧

1　非土着のネイティヴ——土地に住むこと
書き下ろし

2　言葉以前へのまなざし——舌でしゃべること（原題「言葉以前へのまなざし」）
今福龍太『感覚の天使たちへ』（平凡社、一九九〇年）

3　乳色の始原へ——母を思うこと（原題「乳色の始原へ」）
『戸井田道三の本1　こころ』（筑摩書房、一九九三年）の解説

4　思考のヘルマフロディーテ——性を超えること（原題「思考のヘルマフロディーテ」）
『戸井田道三の本2　かたち』（筑摩書房、一九九三年）の解説

5　翁語りの深淵——時間を生きること（原題「翁の時間論」）
『戸井田道三の本3　みぶり』（筑摩書房、一九九三年）の解説

6　歴史の昂進——色が移ろうこと（原題「歴史の昂進」）
『戸井田道三の本4　まなざし』（筑摩書房、一九九三年）の解説

7　はるかに、遠くへ——旅に憧れること
書き下ろし

今福龍太

いまふく・りゅうた

文化人類学者・批評家。一九五五年東京に生まれ湘南の海辺で育つ。一九八〇年代初頭からメキシコ、カリブ海、アメリカ南西部、ブラジルなどに滞在し調査研究に従事。その後、国内外の大学で教鞭をとりつつ、二〇〇二年より奄美・沖縄・台湾を結ぶ群島に遊動的な学び舎を求めて〈奄美自由大学〉を創設し主宰。著書に『ヘンリー・ソロー　野生の学舎』（讀賣文学賞）、『宮沢賢治　デクノボーの叡知』（宮沢賢治賞・角川財団学芸賞）、『ぼくの昆虫学の先生たちへ』など多数。主著『クレオール主義』、『群島 - 世界論』を含む新旧著作のコレクション《パルティータ》全五巻が二〇一八年に完結。

言葉以前の哲学
戸井田道三論

二〇二三年六月一〇日　第一版第一刷発行

著者――今福龍太
発行――新泉社
東京都文京区湯島一－二－五
聖堂前ビル
電話　〇三－五二九六－九六二〇
ファックス　〇三－五二九六－九六二一
印刷・製本――萩原印刷株式会社

ISBN978-4-7877-2300-0　C0010　Printed in Japan